中国古代玉器

王俊 编著

中国商业出版社

图书在版编目（CIP）数据

中国古代玉器/王俊编著. -- 北京：中国商业出版社，2014.12（2022.7重印）
ISBN 978-7-5044-8538-0

Ⅰ.①中… Ⅱ.①王… Ⅲ.①古玉器-研究-中国-古代 Ⅳ.①K876.8

中国版本图书馆CIP数据核字（2014）第299131号

责任编辑：常　松

中国商业出版社出版发行
010-63180647　www.c-cbook.com
（100053 北京广安门内报国寺1号）
新华书店经销
三河市吉祥印务有限公司印刷

*

710毫米×1000毫米　16开　12.5印张　200千字
2014年12月第1版　2022年7月第2次印刷
定价：25.00元

* * *

（如有印装质量问题可更换）

《中国传统民俗文化》编委会

主　编　傅璇琮　著名学者，国务院古籍整理出版规划小组原秘书长，清华大学古典文献研究中心主任，中华书局原总编辑

顾　问　蔡尚思　历史学家，中国思想史研究专家
　　　　卢燕新　南开大学文学院教授
　　　　于　娇　泰国辅仁大学教育学博士
　　　　张骁飞　郑州师范学院文学院副教授
　　　　鞠　岩　中国海洋大学新闻与传播学院副教授，中国传统文化研究中心副主任
　　　　王永波　四川省社会科学院文学研究所研究员
　　　　叶　舟　清华大学、北京大学特聘教授
　　　　于春芳　北京第二外国语学院副教授
　　　　杨玲玲　西班牙文化大学文化与教育学博士

编　委　陈鑫海　首都师范大学中文系博士
　　　　李　敏　北京语言大学古汉语古代文学博士
　　　　韩　霞　山东教育基金会理事，作家
　　　　陈　娇　山东大学哲学系讲师
　　　　吴军辉　河北大学历史系讲师

策划及副主编　王　俊

序　言

　　中国是举世闻名的文明古国,在漫长的历史发展过程中,勤劳智慧的中国人创造了丰富多彩、绚丽多姿的文化。这些经过锤炼和沉淀的古代传统文化,凝聚着华夏各族人民的性格、精神和智慧,是中华民族相互认同的标志和纽带,在人类文化的百花园中摇曳生姿,展现着自己独特的风采,对人类文化的多样性发展做出了巨大贡献。中国传统民俗文化内容广博,风格独特,深深地吸引着世界人民的眼光。

　　正因如此,我们必须按照中央的要求,加强文化建设。2006年5月,时任浙江省委书记的习近平同志就已提出:"文化通过传承为社会进步发挥基础作用,文化会促进或制约经济乃至整个社会的发展。"又说,"文化的力量最终可以转化为物质的力量,文化的软实力最终可以转化为经济的硬实力。"(《浙江文化研究工程成果文库总序》)2013年他去山东考察时,再次强调:中华民族伟大复兴,需要以中华文化发展繁荣为条件。

　　正因如此,我们应该对中华民族文化进行广阔、全面的检视。我们应该唤醒我们民族的集体记忆,复兴我们民族的伟大精神,发展和繁荣中华民族的优秀文化,为我们民族在强国之路上阔步前行创设先决条件。实现民族文化的复兴,必须传承中华文化的优秀传统。现代的中国人,特别是年轻人,对传统文化十分感兴趣,蕴含感情。但当下也有人对具体典籍、历史事实不甚了解。比如,中国是书法大国,谈起书法,有些人或许只知道些书法大家如王羲之、柳公权等的名字,知道《兰亭集序》

是千古书法珍品,仅此而已。

　　再如,我们都知道中国是闻名于世的瓷器大国,中国的瓷器令西方人叹为观止,中国也因此获得了"瓷器之国"(英语 china 的另一义即为瓷器)的美誉。然而关于瓷器的由来、形制的演变、纹饰的演化、烧制等瓷器文化的内涵,就知之甚少了。中国还是武术大国,然而国人的武术知识,或许更多来源于一部部精彩的武侠影视作品,对于真正的武术文化,我们也难以窥其堂奥。我国还是崇尚玉文化的国度,我们的祖先发现了这种"温润而有光泽的美石",并赋予了这种冰冷的自然物鲜活的生命力和文化性格,如"君子当温润如玉",女子应"冰清玉洁""守身如玉";"玉有五德",即"仁""义""智""勇""洁";等等。今天,熟悉这些玉文化内涵的国人也为数不多了。

　　也许正有鉴于此,有忧于此,近年来,已有不少有志之士开始了复兴中国传统文化的努力之路,读经热开始风靡海峡两岸,不少孩童以至成人开始重拾经典,在故纸旧书中品味古人的智慧,发现古文化历久弥新的魅力。电视讲坛里一拨又一拨对古文化的讲述,也吸引着数以万计的人,重新审视古文化的价值。现在放在读者面前的这套"中国传统民俗文化"丛书,也是这一努力的又一体现。我们现在确实应注重研究成果的学术价值和应用价值,充分发挥其认识世界、传承文化、创新理论、资政育人的重要作用。

　　中国的传统文化内容博大,体系庞杂,该如何下手,如何呈现?这套丛书处理得可谓系统性强,别具匠心。编者分别按物质文化、制度文化、精神文化等方面来分门别类地进行组织编写,例如,在物质文化的层面,就有纺织与印染、中国古代酒具、中国古代农具、中国古代青铜器、中国古代钱币、中国古代木雕、中国古代建筑、中国古代砖瓦、中国古代玉器、中国古代陶器、中国古代漆器、中国古代桥梁等;在精神文化的层面,就有中国古代书法、中国古代绘画、中国古代音乐、中国古代艺术、中国古代篆刻、中国古代家训、中国古代戏曲、中国古代版画等;在制度文化的层面，就有中国古代科举、中国古代官制、中国古代教育、中国古代军队、中国古代法律等。

此外，在历史的发展长河中，中国各行各业还涌现出一大批杰出人物，至今闪耀着夺目的光辉，以启迪后人，示范来者。对此，这套丛书也给予了应有的重视，中国古代名将、中国古代名相、中国古代名帝、中国古代文人、中国古代高僧等，就是这方面的体现。

生活在21世纪的我们，或许对古人的生活颇感兴趣，他们的吃穿住用如何，如何过节，如何安排婚丧嫁娶，如何交通出行，孩子如何玩耍等，这些饶有兴趣的内容，这套"中国传统民俗文化"丛书都有所涉猎。如中国古代婚姻、中国古代丧葬、中国古代节日、中国古代民俗、中国古代礼仪、中国古代饮食、中国古代交通、中国古代家具、中国古代玩具等，这些书籍介绍的都是人们颇感兴趣、平时却无从知晓的内容。

在经济生活的层面，这套丛书安排了中国古代农业、中国古代经济、中国古代贸易、中国古代水利、中国古代赋税等内容，足以勾勒出古代人经济生活的主要内容，让今人得以窥见自己祖先的经济生活情状。

在物质遗存方面，这套丛书则选择了中国古镇、中国古代楼阁、中国古代寺庙、中国古代陵墓、中国古塔、中国古代战场、中国古村落、中国古代宫殿、中国古代城墙等内容。相信读罢这些书，喜欢中国古代物质遗存的读者，已经能掌握这一领域的大多数知识了。

除了上述内容外，其实还有很多难以归类却饶有兴趣的内容，如中国古代乞丐这样的社会史内容，也许有助于我们深入了解这些古代社会底层民众的真实生活情状，走出武侠小说家加诸他们身上的虚幻的丐帮色彩，还原他们的本来面目，加深我们对历史真实性的了解。继承和发扬中华民族几千年创造的优秀文化和民族精神是我们责无旁贷的历史责任。

不难看出，单就内容所涵盖的范围广度来说，有物质遗产，有非物质遗产，还有国粹。这套丛书无疑当得起"中国传统文化的百科全书"的美誉。这套丛书还邀约大批相关的专家、教授参与并指导了稿件的编写工作。应当指出的是,这套丛书在写作过程中,既钩稽、爬梳大量古代文化文献典籍,又参照近人与今人的研究成果,将宏观把握与微观考察相结合。在论述、阐释中,既注意重点突出,又着重于论证层次清晰,从多角度、多层面对文化现象与发展加以考察。这套丛书的出版,有助于我们走进古人的世界,了解他们的生活,去回望我们来时的路。学史使人明智,历史的回眸,有助于我们汲取古人的智慧,借历史的明灯,照亮未来的路,为我们中华民族的伟大崛起添砖加瓦。

是为序。

傅璇琮

2014年2月8日

前　言

　　早在很久很久以前的旧石器时代晚期，中国民众的祖先就发现并开始使用玉石了。大多数专家认为上古时期的人们在制作、使用石制工具时发现了有玉这种矿物。它比普通石头更加坚硬，因而人们便用它来加工其他的石制品。它又有光彩夺目的色泽与光彩，晶莹剔透，让人忍不住要占为己有，因此人们逐渐就用它来做装饰品，所以说最先是以"美石为玉"。人们在长期的生活历程中逐渐认识到了一部分"美石"具有独特的性质，就将它们从"石"中独立出来，称为"玉"。玉的雕琢也有其特有的性质，在金属精工还没有发明的时候，玉是运用间接的磨制方法来雕琢的。伴随生产力的发展，由于玉的数量较少而且加工困难，所以就只有族群里少数头面人物像是族长、祭师才有资格佩戴并使用这种损耗人工的物品，这又使它逐渐演变成礼器、祭器或图腾。正是在这种潜移默化的进化过程中，玉由原本不过是一种特别性质的石头转化为代表地位、财富、权力、神权的象征。中国是世界上主要的产玉国之一，不仅开采时间历史久远，而且分布地域非常广，蕴藏量丰富。根据《山海经》记载，中国产玉的地点竟然高达两百余处。历经数千年的开采利用，有的玉矿早已不在，不过一些著名玉矿至今仍可以大量开采。中国比较出名的产玉地是新疆和田，和田玉蕴藏量很大，色泽极为艳丽，品质极为优异，价格也是非常昂贵，和田玉是中国古代玉器原料的主要来源，历代皇室都喜欢用和田玉碾器，古代的丝绸之路最早走的便是玉石之路，接着又向西延伸而成的。除了和田玉之外，陕西的蓝田玉，河南南阳的独山玉和密县玉，甘肃的酒泉玉，辽宁的岫岩玉等，同样是中国玉器的主要原料。

总而言之，玉与中华民族的政治、历史、文化以及艺术的产生和发展都有着非常紧密的联系，它影响着中华民族数千年的观念和习俗，影响着中国历史上历朝历代的典章制度，影响着一大批文人墨客以及他们笔下的妙语连珠。中国古代玉器世代单件作品的产出和积累，随着科技的发展玉器生产技艺，以及和中国玉器相关的文化、思想、制度，这一切物质与精神的东西，构成中国特有的玉文化，玉成为中华民族文化宝库中一个重要的枝丫而光照全世界。

本书语言尽量简洁、重点突出，内容广泛丰富，是玉器爱好者以及收藏者的最佳读物。走进本书，你将会对中国古代玉器拥有全新更深的认知。

目录

第一章 传世瑰宝——玉器

第一节 认识玉器 ... 2

玉字概说 ... 2

什么是玉 ... 5

玉的开采 ... 9

玉器的种类 ... 10

第二节 玉器的本源——玉石 ... 12

和田玉 ... 12

岫岩玉 ... 15

南阳玉 ... 17

蓝田玉 ... 19

绿松石 ... 20

青金石 ... 20

孔雀石 ... 21

翡翠 ... 21

玛瑙 ... 23

水晶 ... 24

琥珀 ... 24

珊瑚 ... 25

第二章 世代相传——古代玉器发展

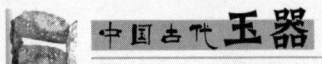

第一节 古玉初现——原始玉器 …… 28
夏商周时期玉器概述 …… 28
兴隆洼文化玉器 …… 30
红山文化玉器 …… 31
良渚文化玉器 …… 34
龙山文化玉器 …… 38
齐家文化玉器 …… 39
仰韶文化玉器 …… 40

第二节 远古神韵——夏商周玉器 …… 40
夏商周玉器概述 …… 40
夏代玉器欣赏 …… 42
商代玉器欣赏 …… 45
西周玉器欣赏 …… 49
春秋玉器欣赏 …… 53

第三节 皇室气象——秦汉玉器 …… 56
秦汉魏晋南北朝时期玉器概述 …… 56
秦代玉器欣赏 …… 57
汉朝玉器欣赏 …… 58

第四节 繁荣昌盛——隋唐五代玉器 …… 62
隋唐五代时期玉器概述 …… 62
隋唐玉器 …… 63
五代十国玉器欣赏 …… 69

第五节 异彩纷呈——宋元玉器 …… 72
宋辽金元时期玉器概述 …… 72

宋代玉器欣赏 74

元代玉器欣赏 80

第六节　富丽豪华——明清玉器 88

明朝时期玉器概述 88

明代玉器欣赏 90

清朝时期玉器概述 94

清代玉器欣赏 96

第三章　构思奇巧——玉器工艺

第一节　中国玉雕工艺发展 104

早期玉器工艺发展 104

先秦玉器工艺发展 106

秦朝至唐朝玉器工艺的发展 107

宋以后的玉器工艺发展 108

第二节　精雕细琢——玉雕技法 112

钻孔 112

刻线 114

镂空 117

圆雕 118

浮雕 119

第三节　生动传神——玉器纹饰 122

龙纹 122

凤鸟纹 126

蟠螭纹 127

鹿纹 129

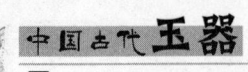

鱼纹 …………………………………………………………… 130

蝉纹 …………………………………………………………… 132

第四章　独领风骚——玉器文化

第一节　玉器之美 …………………………………………… 134

材料之美 ……………………………………………………… 134

工艺之美 ……………………………………………………… 135

内涵之美 ……………………………………………………… 139

第二节　玉器的神秘力量 …………………………………… 142

图腾崇拜 ……………………………………………………… 142

作为礼品或礼器 ……………………………………………… 142

神奇的良药 …………………………………………………… 143

第三节　魅力独具的艺术造型 ……………………………… 143

生动的人物造型 ……………………………………………… 143

丰富的动物造型 ……………………………………………… 147

优美的花卉植物、山水景物造型 …………………………… 153

第五章　玉器的鉴别与保养

第一节　世间淘宝——玉器收藏 …………………………… 162

玉碗收藏 ……………………………………………………… 162

玉杯收藏 ……………………………………………………… 163

玉璧收藏 ……………………………………………………… 166

玉组佩收藏 …………………………………………………… 168

玉璇玑收藏 …………………………………………………… 171

第二节 慧眼识玉——玉器鉴别 ……………………… 173
  新旧玉器鉴别 ……………………………………………… 173
  玉器作伪方法 ……………………………………………… 174

第三节 美玉长存——玉器保养 ……………………… 175
  玉器的保养 ………………………………………………… 175
  玉器的清洗 ………………………………………………… 177
  玉器的修复 ………………………………………………… 177
  翡翠的保养秘方 …………………………………………… 178

参考书目 …………………………………………………… 181

第一章

传世瑰宝——玉器

中国有着7000多年的用玉历史，这使中国赢得了"玉器之国"的美誉。中国古代玉器历史之早，延续时间之长，分布之广，器形之众，做工之精，影响之深，为其他任何国家所不能及。下面就让我们一起去认识被誉为"中华瑰宝"的玉器吧！

第一节 认识玉器

玉字概说

汉代许慎在《说文解字》中对玉有这样的解释："玉，石之美者。"这一注解从物质和艺术两个方面科学地阐述了"玉"字的概念。众所周知，汉字是象形文字。"象三玉之连，其贯也。"即"玉"的象形字初意是三块美玉用一根丝绳贯穿起来，是"丰"字型，"三玉之连"代表天地人通。后来人们又解释"玉"字是"王"字加一点，即王者怀抱一块石头，当然这块石头也就非常珍贵了。

在漫长的岁月中，人们将玉的含义扩及语言、社会生活中的各个层面。查《辞源》《辞海》，以"玉"为部首的字多达五百多个，包含"玉"字的词汇、成语、句子也已超过一千条以上，这些字及词汇与玉有直接关系，包含着各种不同意义。

我们祖先赋予"玉"的内涵无比深邃、无比广阔。《礼记·聘义》及《论语》中都有"君子比德于玉焉"的句子。古人认为玉具有仁、义、智、勇、洁的君子美德，所以以玉比德，敦品励行。所谓"人君德美如玉，而明若烛"，"言贤者德音，如金如玉"，都是歌颂玉的温润，寓意君子美德，是故"君子无故，玉不去身"，"言念君子，温其如玉"。《北齐书》里有句话："大丈夫宁为玉碎，不为瓦全"，道尽中国人对信念的执着。

玉既与君子美德相连，也往往与女性形象相连。"玉人"用以形容美貌的女子，更有"金枝玉叶""金童玉女""小家碧玉""玉貌花容""冰清玉洁"

第一章 传世瑰宝——玉器

"纤纤玉手""亭亭玉立""如花似玉""冰肌玉骨""玉容""玉面""玉言""玉颜""玉照""玉骨""玉肌""玉手""玉腰""玉步""玉心""玉发""玉体""玉目""玉音"等形容女性的词汇。而"书中自有黄金屋,书中自有千钟粟,书中自有颜如玉",作为旧时激励读书人奋发上进的动力,延续了几千年。

在日常生活中,以玉为姓虽不多见,以玉为名则较多见,历朝历代,男男女女,都常以"玉"字为名,以象征个人的高超德行。

自然界万物中也往往被与玉相关的名词美化,如吃的有"玉米",花有"玉兰花""玉蕊花""晚香玉"等。

我国地名中县市级城市名含玉字的多达十二处,有玉林市(广西)、玉溪市(云南)、玉门市(甘肃)、玉山市(江西)、玉田县(河北)、玉树县(青海)、白玉县(四川)、墨玉县(新疆)、玉里县(台湾)、右玉县(山西)、玉屏县(贵州)。全国各地更有多处以玉起名的名胜古迹,如玉龙山、玉佛寺、玉泉山、玉皇顶、玉带河等。

即使在日常生活中的衣食住行方面,也常被冠上"玉"字,美食佳肴叫"玉食",玉制的筷子叫"玉箸",美酒叫"玉友""玉液",豪门贵族住"玉堂",用"玉屏""玉几""玉床""玉盘""玉碗"等用具。

一轮光泽似玉的月儿称为"玉轮",又称"玉蟾",这是因为嫦娥奔月偷盗长生不老药后被变为蟾蜍之故,清寂的月宫中,另有月桂树下捣药的"玉兔"与嫦娥为伴。

在记录中华民族灿烂文化的文学作品中,从《诗经》、楚辞、汉赋、唐诗、宋词、元曲、明清小说到近现代文学、戏曲、电影、电视等,以玉比人、以玉喻事的题材数不胜数,灿若星河。如《诗经·秦风》中就有"何以赠之?琼瑰玉佩"之语。

战国时期的卞和献玉与蔺相如"完璧归赵"的故事,在我国家喻户晓,千古传颂,故事不仅表达了玉的精神,同时也颂扬了一种舍生取义的高尚情操。

秦朝末年,刘邦、项羽并起。楚汉争雄,在鸿门宴上,项羽碍于情面,犹犹豫豫不肯杀刘邦,谋臣范增好几次拿起腰间佩戴的玉玦,示意项羽下决心(因"玦"与"决"同音),但是项羽决心未下,最后导致垓下之围、乌

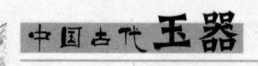

江自刎的历史悲剧。

《左传·襄公十一年》，此文不足百字，但寓意深邃，文章记述春秋时，有人送给当时任宋国正卿的子罕一块宝玉，献玉人一再恳切表白："这是经过玉工鉴定过的，绝对是宝玉，我今天特意献给您。"而子罕却正气凛然地说："此玉虽是宝，但我以不贪为宝！"坚辞不受。

数千年的历史围绕着玉石演绎出无数动人心扉的悲欢离合的故事，而永恒的爱情主题也可以用玉串起来，故事不计其数。例如：

《搜神记》中就有公子雍们得仙人指点、种玉得妻的神话传说。

《紫玉记》讲的是十郎薄幸误婵娟，直到残钗玉化烟，留下了无限哀怨。

《荆钗记》写的是贫士王十朋以荆钗为聘礼，与钱玉莲结为夫妇。不想王十朋考中状元后，因不愿背叛结发，拒绝了丞相招婿，得罪权贵，祸端陡起，落走他乡。其妻钱玉莲则被逼投江，幸为好人所救。数年后，两人都以为对方身亡，到道观追荐亡人，相逢不敢相认，终以荆钗为凭，夫妻团圆。

《玉环记》表现的是书生韦皋与妓女玉箫以玉环为记转世相续的爱情传奇。

唐诗中有关玉的典故也很多，例如：

凉州词

王之涣

黄河远上白云间，一片孤城万仞山。

羌笛何须怨杨柳，春风不度玉门关。

诗中提到的玉门关，是古代"丝绸之路"上位于敦煌以西的一座重要关隘，由于西域的软玉源源不断地通过这座关隘输入内地，因此这座关隘取名为"玉门关"。

凉州词

王翰

葡萄美酒夜光杯，欲饮琵琶马上催。

醉卧沙场君莫笑，古来征战几人回。

此诗中提到的夜光杯，据汉东方朔撰的《海内十洲记》所载："周穆王时，西胡献昆吾割玉刀及夜光常满杯，杯是白玉之精，光明夜照。"根据现代的认识，"白玉之精"即今新疆和田最好的白玉——"羊脂玉"，用它雕琢成杯壁极薄的酒杯，可透过月光，斟酒时可见月影而得名。

文学巨著《红楼梦》又名《石头记》，引用神话女娲补天，用石三万六千五百块，独独剩下一块未用，留在青埂峰下，此石经女娲之锻炼灵性渐通，而进入红尘，云游一遭，又将所经历之事镌刻在奇石之上，故曰《石头记》。男主人公衔"通灵宝玉"而生，那块宝玉被称为"有命无运"的蠢物，得之则人寿宁安，失之则丧魂失魄，诵之则消灾减病，弃之则升仙成佛。"假"亦真来"真"亦假，贾宝玉其实是曹雪芹心目中真真正正的一块无瑕宝玉，玉是他的一切，是他的生命所在，是他的生命所系。曹雪芹《自题画石诗》中曰："爱此一拳石，玲珑出自然，溯源应太古，堕世又何年？有志归完璞，无才去补天，不求邀众赏，潇洒做顽仙。"

在漫长的人类发展过程中，唯一将玉与人性相结合，融会贯通，水乳交融的只有中华民族，中华民族早在远古时代便开创了制作、使用玉器的历史。玉器，在中华大地孕育、发芽、生根、成长、开花、结出丰硕的果实，连绵数千年，虽历经曲折，仍不断发展。极具东方特色，举世无双的中国玉器代表着中国灿烂辉煌的玉石文明，也是中华文明不可分割的组成部分。自古以来，我们以玉比人，以玉喻事，以玉祭祀天地，寄托理想，直抒情怀。人们身上佩玉，掌上玩玉，家中藏玉，玉器不再只是简单的装饰，它有着身份、情感、风度及语言交流的作用，在更广泛的层面上与国家的政治、艺术、文化、社会各阶层的生活、伦理、道德等层面都密切相关。

什么是玉

人类生活的地球有着美丽的自然环境，大自然的力量造就了海洋、山川、湖泊、河流、森林、草原和沙漠，不仅孕育了我们人类，也为我们的远古祖先提供了丰富的物质材料，使他们的大脑与双手通过工具的制作使用与改进实现了质的飞越，淡化了野性而走向文明，逐渐成为地球的主宰。在自然界存在的各种物质中，石块是人类最早作为工具使用的重要物质之一。

岩石是构成地壳的主要物质，分为火成岩、沉积岩和变质岩三大类。自然界中的岩石由于存在的范围广，与其他物质相比既具有一定的硬度，又具有质脆易破碎的特性，很早就被人类的祖先发现并用来制作最原始的工具以

新石器时代的石斧

便与恶劣的大自然环境相抗争,改善生存条件。在东非奥杜威发现的地球人类发展早期阶段的猿人,已经可以用石块打制石器,虽然这些石器非常简陋、粗糙,但至少可以说明在 200 万年前人类已经开始利用石块这种材料了。

对石器的磨制使人类步入了新石器时代,同时也加深了原始人类对石材这一特殊材料各种特性的认知程度。约在 6000～7000 年前,我国原始人群的足迹已经遍布华夏大地,从东北的黑龙江到西北的新疆,从西南的云南、西藏到东南的台湾岛,考古已发现的文化遗址有 7000 处之多。在这些文化遗址中,考古工作者发现了大量磨制精良的石器。例如半坡人的磨制石器既有石斧、石刀、石锛等农具,也有石镞、石矛、石球等狩猎工具,不仅种类繁多造型多样,而且普遍平整光滑,刀口锋利。甘肃广河齐家坪齐家文化遗址、浙江余姚良渚文化遗址中则发现了制作及其使用功能更加先进的石器,如石斧、石犁,其体形扁平而薄;有穿孔的半月形石刀,体形精巧,具有规则的几何形状。特别是在浙江余姚河姆渡文化遗址中发现的磨制石器其加工非常复杂,可以看出每一件石器,都是将精心选择的石料先打制成器物的雏形,然后再将之用磨石蘸水细磨而成，有的通体磨光，有的只磨光部分，并且还在石器上钻孔。这些证据证明这一时期的石材不仅在人类的生产生活中占有重要的地位，而且证明华夏祖先已熟练地掌握了石质的特性。

正是由于对石器的打磨、制作、使用，我们的祖先逐渐熟知了各种石材的硬度、色彩、光泽特性，后来，在长达数万年的过程中才发现存在于石材中的具有特殊质地、光泽的美石。

考古发现，原始人类用以制作石器的区别于一般常见石材的石质，除了早期的水晶、石燧，到新石器时代又出现了新的品种。距今7000～8000年前的辽宁新乐遗址出土了一件用蛇纹石制作的石斧形器，这件石器用岫岩玉琢磨而成，扁条形状，长13.8厘米，两端呈凸弧形，较宽的一端两面有刃，且刃部带有使用痕迹的缺口。在稍后的半坡人遗址中，也发掘出一件由优质玉料琢磨的斧形器。但是这一时期用各种具有特殊质地、色彩、光泽磨制的石器，从器物的保存状况看仍然是作为一般劳动工具使用的，说明在六七千年前古人仍玉石不分。

玉石混用不分的状况在新石器中晚期发生了重大变化。如果说60万年前的山顶洞人选用水晶和六七千年前的新乐人、半坡人选用玉作为石器材料有

新石器时代的石斧

一定的偶然性，那么在新石器中后期的红山、龙山、良渚文化时期，我们的祖先已将玉与石明显区分开来，并制作了大量的玉石制品，迎来了玉石雕刻的发展高峰。在内蒙古翁牛特旗三星他拉、辽宁喀左县东山嘴、建平牛河梁等遗址发掘中除了磨制石器外，最重要的发现就是大量选材精良、磨制精致、造型复杂多样的玉石雕刻。在良渚及大汶口、龙山文化遗址中也出土了大量的玉管、玉环、玉琮等。玉石雕刻品不仅使用得更加广泛，而且制作加工手段也多种多样，造型也更加精美细致，除磨制外，还大量使用钻孔技术，制作薄体及异形体器物。更为引人注目的是这些玉石雕刻所使用的玉材多种多样，有蛇纹石、玛瑙、绿松石、石英、水晶和透闪石，这些玉石无不色泽光润、色彩丰富、质地细润。从放置地点及造型上看具有了特殊的含义，已经明显区别于一般的生产工具。这证明具有美而坚硬的质地、温润色泽的玉石已经完全从普通的石器制作中脱离出来。

由于红山文化、大汶口文化、良渚文化等玉石雕刻的发现，证明了我国原始先民在6000年前就结束了玉石不分的状况，完成了对玉石从石到玉的认识。玉作为一种特殊的物质，表明了特定的思想观念逐渐走入了中华文明的视野，也拉开了中国古代玉文化的序幕。

从石材中脱颖而出的玉石，一经被重视并赋予其特殊的思想内涵，就深刻地影响着华夏民族的社会生活、人文历史，但玉石的概念直到公元后的东汉时期才开始有明确记载。东汉许慎的《说文解字》第一次概括了玉的概念，指出"玉，石之美者，有五德：润泽以温，仁之方也；腮理自外，可以知中，义之方也；其声舒扬，专以远闻，智之方也；不挠不折，勇之方也；锐廉而不忮，洁之方也。"这个概念肯定了玉的基本属性，并总结出了玉的五个大的特征，即坚韧的质地、细腻温泽的纹理、温润美丽的光泽、华美的色彩和悠扬悦耳的声音，奠定了玉的传统观念。

岫玉石

第一章 传世瑰宝——玉器

随着历史的发展，对玉石的认识与研究也在逐步加深。当代对玉的界定存在着两种不同的概念，一种为广义的玉，一种为狭义的玉。广义的玉也即我国传统观念中的石之美者，在这种概念中玉石包括的范围相当广泛，不仅包括我们熟知的翡翠和和田软玉，还包括岫玉、南阳玉、蓝田玉、玛瑙、琥珀、青金石、珊瑚、水晶、孔雀石、绿松石等，这些具有美丽的质地、色彩、光泽的美石与和田玉一起至今仍被我们认可，是我国玉石的重要组成部分。

狭义的玉，则是通过科学的检测测定，具有一定数据规范的特殊的玉质。19世纪后半叶，法国矿物学家德穆尔将中国玉根据其硬度及其他化学结构特性分为"硬玉"和"软玉"。"硬玉"即翡翠，其硬度在6.5~7之间，比重为3.2~3.32。翡翠仅在东南亚缅甸等地出产，其硬度大，色彩以绿为主，光艳美丽，唐宋以后才逐渐见于文献记载。清代翡翠的使用逐渐广泛，在玉雕刻中占有重要的地位，其价值与和田软玉齐名。"软玉"则是专指透闪石，硬度达6~6.5，比重为2.96~3.17，而符合这些条件的只有和田玉，因此软玉即指新疆和田玉。

对玉不同概念的界定和划分，表明了玉石特性的复杂，也表明了作为一种美石，玉石种类的丰富多彩。一直以来，对于玉的概念哪一种更加准确适用，由于理解不同始终未有定论。追本溯源，尽管当代对玉的划分更加科学与客观，我们仍然普遍认同中国古代传统的玉石概念，即从感性美认识出发，对具有一定的硬度，质地纹理细腻，色彩美观，光泽温润，声音悠扬的美石都视为玉石。可以说在中华民族的传统观念中，玉的核心是美石，特殊的美是各种玉石的共同特点。

玉的开采

关于古玉料的开采，古代文献记载极少，只有明、清时期的一些科技著作和游记中，提到了新疆和田玉的开采情况。明代宋应星在《天工开物》中说，和阗（今和田）玉的玉璞不埋藏在深土中，往往在湍急的山泉冲击的险峻处露出来，但采玉者并不在此处采玉，因为溪流太急无处下手。一般等到夏季时溪水量增大，下游河水上涨时，冲刷下来的大大小小玉璞就会随水流漂徙，或百里，或二三百里，采玉者在河水中捞取玉料，所以说"和阗之玉，多在于水"。河中所出的玉料，称为籽玉，小者如栗如拳，大者如枕如斗。

关于和田采玉的情况，还有一些神奇的传闻。例如传说"凡玉璞根系山石流水，未推出位时，璞中玉软如棉絮，推出位时则已硬，入尘见风则愈硬"；"其俗以女人赤身没水而取者，云阴气相召，则玉留不逝，易于捞取"；"玉初孕处，亦不可得。玉神推徙入河，然后恣取"等等。这些传闻，将采玉的情况大大神秘化了。

清朝时，和田地区成为宫廷玉器原料的主要来源地，采玉的规模由官府控制。清代的《西域闻见录》比较详细地记载了当时采玉的情况。采玉时，专门的采玉工八九人为一组，横排于河水中，踏步行进，以足寻籽玉。岸边有一名监督，手执铜锣，当采玉工踩到籽玉，弯腰去拾时，便鸣锣一声。离岸边稍远处有一位官员守候，听到锣响，就在本册上戳一个红点，等采玉工上岸后，按红点的数目索取玉料。和田地区有很多专门从事采玉的工人，他们每年用玉料来抵赋税。

玉器的种类

按用途，古代玉器可以分成以下六类：

礼器，主要器物有璧、琮、圭、璋、琥、璜。即《周礼》所说："以玉作六器，以礼天地四方。以苍璧礼天，以黄琮礼地，以青圭礼东方，以赤璋礼南方，以白琥礼西方，以玄璜礼北方。"新石器时代出现后，一直沿用至清。秦以后，帝后玺印和册宝也用玉制。

仪仗器，主要有钺、戈、戚、刀等玉兵器。商周时代最为盛行。

丧葬器，主要有冶、塞、握、柙（玉衣）、冥目等，新石器时代以至商周秦汉最为盛行，各时代内容或有不同。《周礼》有"玉殓葬"，汉代发展到用玉衣裹尸，达于极致。唐以后葬玉一般只用塞、握、琀等以塞七窍。璧、琮也曾用来敛尸。

佩饰，主要有璜、玦、镯、环、管、

原始社会玉璧——青玉

珠、坠、珥、璧和大量各种各样的玉佩、动物形饰。自新石器时代以来，随时代不同品种也有变化，但一直长盛不衰，是古代玉器中数量最多，品种也最为丰富的。

生活用器，新石器时代已经有玉梳背、玉带钩，商代有了玉容器簋。战国至汉，有玉杯、玉卮等酒器。宋以后至清，玉瓶、玉碗和玉餐具、玉酒器、玉文具等比较多见。

陈设玉玩，明清时期在贵族和文人中极为盛行，主要有玉山子、玉文玩、玉兽、玉人和玉佛像等。

知识链接

宝玉石的矿藏类型

面对琳琅满目珍奇美丽的宝玉石，人们不禁要问：到哪里才能找到它们？它们常埋在什么岩石中？这确实是一个看似简单而又非常复杂的问题。

其实，宝玉石实际上是一类矿物单晶体或集合体，显然它们原生在岩石中，也可能赋存于岩石风化或搬运后的堆积物或沙石中。因此，寻找宝玉石就是要探寻地壳中那些具有开采价值（质量、数量、地质条件符合工业开采要求）的宝玉石"富集体"，即宝玉石矿藏，专业术语称之为"矿床"。当然，宝玉石也不都是单独形成一种矿床，常伴生于其他金属、非金属矿床之中。

宝玉石矿床常按形成的地质作用和岩石特点，分为内生、外生、变质三大类。

1. 内生宝玉石矿床

所谓"内生"，指在地球内部各种能量（热能、重力分异及地壳运动产生的能量等）的影响下，导致有用物质运移、富集而形成的矿藏。

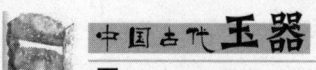

2. 外生宝玉石矿床

受太阳能、大气、水、二氧化碳、生物等作用，各类岩石发生风化、搬运、沉积形成的矿藏。按成矿作用方式和矿床形成处所的不同，又分为风化型、沉积砂型、生物化学成因型。

3. 变质而成宝玉石矿床

含矿岩石由于地壳内部温度、压力的增高和地质条件的改变，使组成矿物的成分、性质、结构发生了变化，就形成变质矿藏。这类矿床宝玉石如铁铝榴石、蔷薇辉石、月光石等。

变质岩中常见的变质矿物如蛇纹石、红柱石、蓝晶石、堇青石、透闪石等都是构成宝玉石的重要矿物。变质岩常具片理、片麻理构造，大量片状、板状、柱状矿物定向排列。

第二节
玉器的本源——玉石

和田玉

和田玉被称作软玉，产地在新疆，故亦称新疆玉。它是以透闪石、阳起石为玉的固溶体，并含微量透辉石、蛇纹石、石墨、磁铁、矿物质而形成各种不同颜色。软玉在我国台湾花莲也大量生产，但只有新疆和田产出的玉才

第一章 传世瑰宝——玉器

和田玉貔貅

能称得上是世界上最好的软玉。和田玉的化学分析结果是：二氧化硅含量占 57.6%，氧化铝含量为 0.25%，三氧化二铁含量占 0.66%，氧化锰含量占 0.16%，氧化镁 25.6%，氧化钙 2.68%，杂质占 2.74%，硬度为 6~6.5，比重为 2.96~3.17。常见的颜色有白色、灰白色、绿色、黄色、黑色等，质地多为不透明，个别呈半透明状态，有玻璃光泽。

和田玉的质地细腻，光泽柔和不太亮丽，所以有"君子比德如玉"之说，将其人格化。而白玉中质地最佳者洁白如羊脂，称其"羊脂玉"，青白色玉称"青白玉"，青色称"青玉"，绿色或暗绿色称为"碧玉"。有些玉中带有黑点是含杂质所致，杂质含量高时呈黑色，这种黑色玉是极其珍贵的墨玉。黄颜色的玉称黄玉，也很珍贵少见。而青玉中含有糖水黄色的皮壳称其为"糖玉"。粉红色的玉称"粉玉"，虎皮花纹的玉称"虎皮玉"，等等。

中国玉器以软玉为主，它是中国历史最悠久、使用时间最早的一种玉。

目前国内除台湾丰田地区产软玉外，新疆也是主要产软玉的地区。从春秋战国时期起，和田玉就从新疆地区源源不断地运往内地。历史上遗存的著名玉雕，所用的原料基本都是和田玉。

和田玉分为两种，一种是在河水中打捞上来的，称"籽玉"。籽玉在河水中采收，块体较小，但细腻湿润，玉质极佳，是玉中上品，自然产量很低。而产量高的是在山脉中开采的玉石，称"山料"。山料质量相差很大，参差不齐。和田玉中的籽玉主要产在玉龙喀什和喀拉喀什河，也称向玉河、墨玉河。夏天发洪水时是采玉的最佳时期，山洪暴发后，山上崩塌下来的山玉块料流入河中，经过河水的反复冲击、磨滚，山玉的杂质被冲去，剩下的就是光滑如凝脂的籽玉。而山料是在矿山上开采的玉石，主要产在昆仑山中阿马斯矿、和田县玉矿及皮康山西瓦矿。这些矿脉位于海拔5000米的昆仑山雪线上，由于受季节限制，一年只能开采4个月左右。和田玉驰名天下，在国内外都享有盛名。

和田玉按颜色与质地划分，有以下几种。

（1）白玉：含透闪石95%，洁白无瑕，光泽柔和，质地纯净，是古人喜爱的一种玉石，也是和田玉中的优质品种；如出现发青、泛黄、有芦花、萝卜状的，质量次之。白玉在汉代、宋代、清代几个玉制品繁荣时期，都被选为"重器"所用原料。

（2）羊脂玉：在白玉中玉质上乘的佳品为羊脂玉。羊脂玉犹如羊脂，含透闪石达99%，质地纯洁细腻，白色呈羊脂一般，价值高于一般白玉的几倍。

（3）青白玉：呈灰白色或青白色，是一种含混的颜色，这种玉石产量高，数量大，为和田玉中三级玉材，色泽不如白玉美，价值略次于白玉。在中国历代玉器中，占绝对优势。

（4）青玉：色淡青、青绿、灰白，颜色匀净，质地细腻，呈油脂光泽，其储量丰富，是历代制玉的主要

羊脂玉

材料。

（5）碧玉：颜色为绿色或暗绿色，其内含有铬尖晶石等矿物，常有黑点和黑星或墨星，颜色鲜明，以纯青如蓝靛的为佳品，夹有黑斑的质地差一级，为中档玉石。

（6）黄玉：基质为白玉，长期受地表水中氧化铁渗滤形成黄色调，黄色呈油脂光泽，质地细密坚硬，按色度变化定名为：蜜蜡黄、栗色黄、秋葵黄、黄花黄、鸡蛋黄等。优质的栗子黄者极贵，又极稀少，所以价值与羊脂玉不相上下。

（7）墨玉：透闪石中含有石墨、磁铁粉即呈黑色，墨玉多呈灰白色或灰黑色，其中夹杂黑色斑纹，以纯黑色为佳品，数量极少，价值极高。

（8）糖玉：透闪石中渗入氧化铁形成深浅不同的红色皮壳，糖玉多与白玉、青玉构成双色玉，用于制作俏色玉器。

软玉的经济价值是以颜色、质地为依据进行评价的。中国白玉分三个等级。一等品：色洁白，质地细腻纯洁，无裂纹，无杂质，一块重量在5千克以上；二等品：颜色较白，质地细腻，无裂纹，稍有杂质，一块重3千克以上；三等品：色青白，质地较细腻，无裂痕，稍有杂质，一块重3千克以上。

碧玉分四级。特等品：颜色碧绿，质地细腻，无杂质、裂纹，稍有星点，每块重量在50千克以上；一等品：颜色碧绿，质地细腻，无杂质、裂纹，稍有星点，每块重量在5千克以上；二等品：绿色，质地细腻，无杂质、裂纹，稍有黑点，每块重量在2.5千克以上；三等品：浅绿色，质地稍粗，无裂纹，稍有杂质，每块重量在2千克以上。

岫岩玉

岫岩玉又称岫玉，主要产于辽宁岫岩县，主要矿物质是蛇纹石，又含有少量透闪石。岫玉颜色多为绿色，呈半透明或不透明，质地细腻而均匀，性软且脆，呈波动式油脂光泽。化学成分：二氧化硅43.8%，氧化镁42.1%，氧化钙0.56%，氧化铝0.006%，三氧化二铁0.64%，水11.81%，杂质12.85%，硬度为2.5～5.5，比重为2.5～2.8。在颜色上呈现白色、黄色、棕色、褐色、绿色、深绿色等多种，常见的以淡绿色调为主。

中国古代玉器
ZHONG GUO GU DAI YU QI

京黄岫玉

岫玉按颜色分有：碧玉、青玉、黄玉、白玉、墨玉、花玉、湖玉、湖水绿、苹果绿、绿白等多种；按开采时间分为老玉、新山玉；按产地分为瓦沟玉、细玉沟玉等。瓦沟玉是蛇纹石软玉，细玉沟玉为透闪石软玉，而河磨玉、石包玉最为珍贵。

岫玉开采历史悠久，资源丰富，其玉质细腻，晶莹剔透，颜色多，是国内玉雕制品的主要原料。岫岩是全国玉石和玉雕工艺品主要生产基地之一。早在1.8亿年到1.5亿年以前，就有岫玉形成，而岫玉的开采史已达到了万年之久。新石器时代晚期，人类就已发现和使用了岫玉，新石器时代的红山文化中所用玉材就是产于岫岩的老玉，良渚文化中出土的玉器，经鉴定也有岫玉制品。商代出土的玉器，多数也与岫岩软玉近似。而发展至明清时期，岫玉的开发使用已有一定规模，岫玉制品大量进入玉器行业。

岫玉制品的造型艺术、纹饰图案等同软玉制品一样丰富多彩。近现代的玉石工艺品中，岫玉作为玉材被普遍使用。

由于岫玉广泛产于接触变质的镁质大理岩中，所以我国很多地区都具备这种地质环境，产地也相当广泛，仅以产地为名就可划分多种品种。辽宁岫岩县以豆绿色为主的多色玉石，多为半透明状，呈油脂光泽。南方岫玉，又可称南方玉，产于广东信宜县的河流地区，故又称为"信宜玉"。其玉质细腻，颜色为黄绿或绿色。酒泉岫玉，亦称酒泉玉，产于甘肃祁连山一带，又称"祁连山玉"或"祁连玉"，颜色暗绿，玉质带有较多黑色斑点和不规则黑色固块。京黄岫玉，又称京黄玉，产于北京十三陵，其质地细腻，呈淡黄色和黄色。

由于岫玉质地细腻，色泽秀美，并且取材方便，产量丰富，所以常用来制作红山古玉和伪造玉器，明清、民国年间多用于雕刻大件的陈设品。

一般软玉和岫玉主要区别在于硬度，软玉硬度大于岫玉，而岫玉光泽度较软玉差，而透明度却高于软玉，但质地也远不如软玉细润。

南阳玉

南阳玉也称独山玉，产于河南省南阳独山。南阳玉是一种"蚀变斜长岩"矿物，主要含有黝帘石、绿帘石、透闪石、阳起石等，有玻璃光泽，大多为不透明状，少数呈微透明、半透明。南阳玉的化学成分是含二氧化硅 41%～45%、氧化铅 30.71%～34.14%、氧化镁 0.28%～1.73%、氧化钾 0.02%～2.64%、三氧化二铁 0%～0.8%、氧化亚铁 0.27%～0.88%、氧化锰 0.02%～0.1%、三氧化二铬 0.01%～0.34%、二氧化碳 0.06%～0.52%、水 0.23%～0.5%，含微量元素铬 0.01%～0.5%、镍 0.1%、钒 0.001%～0.1%、锰 0.01%～0.05%、钛 0.001%～0.5%，硬度为 6%～6.5%。折射率为 1.58，相对密度为 2.75%～2.76%。

南阳玉色泽鲜艳，质地比较细腻，光泽好、硬度高，有"南阳翡翠"之美称。由于玉质中含有多种金属离子，所以其颜色杂呈多种色调，常见的有绿、白、紫、黄、杂色等。

早在新石器时期，南阳玉就已被开采利用了，而到汉代已有相当开采规模，汉代称南阳独山为玉山，汉代利用独山玉制作玉器，并将独山作为销售玉器的区域。据史料记载，早在南北朝以前，南阳玉就很有名气，而到了唐宋时期，由于和田玉盛行，所以南阳玉一度萧条，不闻于世。清代时期，随着民间玉器猛增，南阳玉开始复兴。南阳玉的存储量相当丰富，至今也是玉器工艺的主要原料之一，仍可规模生产。

南阳玉的外观表现很复杂，其颜色以纯绿、翠绿为上品，常与翡翠之绿相混淆，但质地、透明度远不及翡翠洁净明丽，常见的南阳玉略带闪蓝或闪灰，还有呈暗绿色的，杂色的也较多。

以颜色为划分标志，将南阳玉划分为以下几种。

（1）白色南阳玉：以乳白色为主体，略带灰色或粉色调，质地细腻，坚硬密实，常为半透明或微透明，具玻璃光泽，白色南阳玉约占整个南阳玉的10%左右。

（2）绿色南阳玉：以绿色和翠绿色为主，颜色与翡翠相似，质地细腻，玻璃光泽，透明或不透明，其中半透明的为南阳玉之最佳品种。有人称其为"南阳翠玉"。常见的呈灰绿、蓝绿、黄绿色，并且颜色分布也不均匀。

（3）紫南阳玉：颜色呈暗绿色，好似在虾肉般的质地上分布着淡紫色的斑点，质地坚硬，但不透明。

（4）黄南阳玉：颜色呈黄绿色或橄榄黄绿色，也有褐色的，常见的呈半

南阳玉饰品

透明状。

（5）褐色南阳玉：多呈暗褐、灰褐，深浅不均，此类玉常呈半透明状。

（6）青色南阳玉：以青色、灰青色、蓝青色为主，是南阳玉中常见品种，多为块状、带状，不透明。

（7）黑色南阳玉：又称"南阳墨玉"，颜色为黑色、墨绿色，颗粒粗大，多为块状、团状或点状，不透明，是南阳玉中质地最差的品种。

（8）红色南阳玉：常见的为粉红色或芙蓉色，深浅不一，一般多为微透明或不透明。

（9）杂色南阳玉：玉石上多有两种以上颜色，特别是在一些体积较大的南阳玉料或雕件上，常出现四五种颜色或更多种颜色，如绿白或黑白，绿、青、褐、黑、白等多种颜色相间出现，呈浸染状或过渡状，存在同一块体上，杂色南阳玉是较为普遍的，通常占整个南阳玉存储量的5%，多数为不透明状。

蓝田玉

蓝田玉产于蓝田山，也就是现今的王顺山，在陕西省蓝田县境内。蓝田县自古以来以产美玉而闻名于世，蓝田产玉史籍中就有记载。明万历年间，宋应星在《天工开物》中写道：所谓蓝田，即葱岭（昆仑山）出玉之别名。而后也误以为西安之蓝田地，并推论蓝田为储运玉石之地，这一论断，使后人对蓝田产玉开始有了争论。

后来，陕西地质工作者在蓝田地区发现蛇纹石化大理石料，认为这就是古代记载的蓝田玉，研究发现这种玉料有的纹理和颜色局部与岫玉相同。从外观看，玉料出现黄色、浅绿色等不均匀色调，并有浅白色大理岩相伴，这种玉料硬度在4左右，虽然色泽不太美，但加工容易，所以古人常用来制作一些装饰品，用于佩戴。由于装饰、佩戴的人越来越多，所以蓝田玉的名气也就越来越大。汉代以后蓝田玉应用渐渐稀少，很多古玉器是否仍以蓝田玉为原料，还需要进一步考证、鉴定。

现今蓝田地区仍有少量玉矿出产蓝田玉，但因玉石质地很差，只能制作一些低档玉器。

绿松石

绿松石，源自法语，意为土耳其石。是一种十分古老的玉石，在古埃及时代就为人所知，并被视为圣物，是由细小的绿松石矿物为主组成的隐晶质致密块体，矿物含铜、铝和水的磷酸盐，通常存在于次生浅藏矿床中，大多不透明，蜡状光泽，如果其中含有铁质就有黑线，硬度在5~6。绿松石以特有的天蓝色、蓝绿色、苹果绿色和常见的黑色铁线为典型特征。

从世界范围来看，产绿松石的国家很多，如伊朗、埃及、美国、巴西、智利等都有出产。伊朗是优质绿松石产地，所产波斯级绿松石呈天蓝色，铁线少、质量上乘。我国的绿松石主要分布于湖北竹山县和陕西的白河县，古代也称作"甸子""荆州石"。竹山县绿松石呈天蓝、暗蓝、蓝绿和绿色，储量大但铁线多，而白河县尤其是月儿潭出产的则色彩纯净，铁线少质量优，但产量少。绿松石由于矿床多在崇山峻岭之中，在古代开采十分不便，不仅要在矿洞中将包藏在黑泥中的松石费力地掏出磕净，而且还要人背畜驮，转运数百里山路出山，因此十分珍贵。当代已采用机械化开采，使得绿松石越来越多地走入到寻常百姓之中，渐渐成为大家较为熟知的玉石品种。

青金石

青金石，以含点状金色黄铁矿浸染体似星光灿烂的夜空的特征，深受东方民族特别是阿拉伯民族的喜爱，在我国古代也被称作"璎琳""琉璃"。其由青金石矿物组成，含方解石、黄铁矿，色彩呈独特的蓝色、深蓝及群青色，不透明，有玻璃油脂光泽，硬度5.5。青金石主要产自阿富汗、智利等地，阿富汗出产的青金石品质在世界范围内最佳。尽管中国使用青金石历史久远，但尚未发现青金石矿床。

青金石

第一章 传世瑰宝——玉器

孔雀石

孔雀石是一种古老的碳酸盐类玉石，属次生氧化矿物，古时称"绿青"、"石绿"等，因为含铜量高呈现独特的孔雀绿色而得名，大多是块状、钟乳状、皮壳状等，不透明，抛光后呈玻璃光泽，硬度在4左右。孔雀石主要产自俄罗斯、非洲的赞比亚与津巴布韦、澳大利亚等地，我国的储量也很丰富，多采自湖北的铜绿山及广东、赣西北等地。

孔雀石

翡翠

翡翠被誉为玉石王者，是我国古代重要的玉石品种和玉石雕刻材料，虽然早在唐宋时期已经有翡翠出现，但其被广为熟知却是在19世纪初，是玉石家族的后起之秀，直到明末清初由于皇室的喜爱与推崇才取得与和田玉同样显赫的地位，并后来居上。

翡翠属硬玉，矿物成分主要是单斜辉石，主要由钠和铝的硅酸盐矿物组成。翡翠具有透明至不透明的特性，有玻璃光泽和油脂光泽，硬度很高达到7左右。翡翠的色彩也呈多样化，以多种绿色为主（铬是使翡翠具有翠绿色的主要因素），也有红色、白色、紫色等，其中绿色就分宝石绿、艳绿、玻璃绿、浅水绿、瓜皮绿、蓝绿、灰绿等二十多个品种，以具有纯正、匀净、浓艳的各种绿色且质地细腻无暇透明度高为高档，绿色不透明为商品级，绿色至淡绿色不透明为普通级。

翡翠也有山料与籽料之分，山料是指原生的矿脉，籽料则是指产在河床沙砾层中经过水流冲刷和氧化的，后者的质量优于前者。中国并无翡翠出产，主要来自缅甸，缅甸乌龙江是世界翡翠最重要的产出地，早在13世纪就开始在河床中采矿砂，直到19世纪末才发现并开始开采原生矿床，产出量很大，

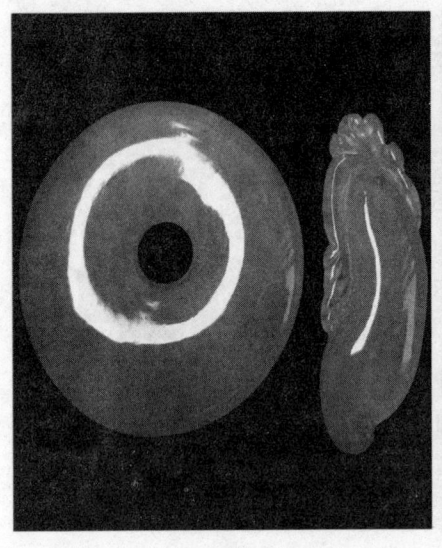

翡翠 　　　　　　　　　　　　　翡翠摆件

此外翡翠产出国还有哈萨克斯坦、美国等少数国家，但无论数量和质量都不能与缅甸翡翠相媲美。

知识链接

古代亲丧期间不佩玉

《礼记·檀弓》有一则故事：

石骀仲卒，无适子。有庶子六人，卜所以为后者，曰："沐浴佩玉则兆。"五人者皆沐浴佩玉。石祁子曰："孰有执亲之丧而沐浴佩玉者乎？"不沐浴佩玉。石祁子兆。卫人以龟为有知也。

故事的大意是：石骀仲死了，他没有嫡亲的儿子，只有庶子六人。这就要通过占卜来确定谁可以代替嫡子的继承权。掌卜的人说："谁沐浴佩玉，谁就可能在占卜中获得吉兆。"于是乎有五个人都进行了沐浴并佩戴了玉饰。可石祁子却说："哪有在服亲丧期间沐浴佩玉的规矩呢？"只有他没有沐浴也没有佩玉。经过用龟甲占卜，果然是石祁子获得了吉兆，得到了继承权。卫国人都说龟是有神灵先知的。其实，这并不是龟的灵验，而是关于执行礼制方面的宣传教义。在六位庶子当中，有五个人相信沐浴佩玉能得吉兆，其实他们都不合礼仪的规范，故而大错特错了。只有石祁子能知礼并切实地按礼办事，因此也只有他能享受合法的继承权。这是以礼取人、以德取人的一则典故。通观"三礼"，佩玉应是吉祥的事情，但也得分清事理和场合，在亲丧期间佩玉是大逆不道的事。

玛瑙

玛瑙自古以来就因为其美丽的带状纹理为人们所喜爱，在汉代以前其常被称作"琼玉"或"赤玉"，玛瑙一词源于佛经。组成玛瑙的矿物除了玉髓即隐晶质石英外，还带有少量蛋白石或微粒状石英，是一种具有同心缟状或平行条带状结构的玉髓，没有纹带花纹特征的只能称作玉髓。玛瑙纯色应为乳白色，由于带有其他金属物质而呈现出灰、褐、红、蓝、绿等色调，其有透明、半透明和不透明之分，

狮子滚绣球玛瑙雕件

具有玻璃及蜡状光泽，硬度一般在6.5~7，古人最为推崇红玛瑙，称为"红缟玛瑙"，非常珍贵。水胆玛瑙也是珍贵的品种，玛瑙中包裹着天然形成的水，可称稀世之宝。

古代的玛瑙既有从西域、天竺、波斯等国输入的，也有我国内地自产的。世界著名的玛瑙产地有印度、巴西等，我国也是出产玛瑙的大国，主要产自黑龙江、辽宁、湖北等地。《后汉书》《天工开物》《博物要览》《广舆记》等就记载了蔚州的九空山、四角山，陕西神木、府谷地区，汝州赤岭镇，南京雨花台等出产地点。

水晶

水晶是指结晶完好而透明的石英，多呈柱状，产于伟晶岩等岩石的晶洞和裂隙中，其有水玉、千年冰、紫石英、青石英等许多别名，有玻璃光泽，硬度达到7，有无色、紫色、黄色、褐色等。紫水晶主要产自巴西、斯里兰卡、赞比亚等地；黄水晶最佳品种产自巴西。我国的水晶产地也很多，主要集中在海南、山西、广东、山东等地，江苏东海水晶不仅产量大而且质量上乘、色种全，享有盛誉。

水晶晶簇

琥珀

琥珀，我国古代称为"光珠""江珠"等，其作为玉石品种已有6000年多历史，《山海经》就详细记载了琥珀。琥珀是一种树脂化石，是第三纪松柏科植物的树脂掩埋地下千万年石化后形成的，

特写弥勒佛琥珀玉石

常常埋藏于煤层之中，因此其状态可谓多种多样，色彩有黄、褐、淡红、橙色等，透明至半透明，硬度较低，约为2.5左右，有油脂光泽。琥珀的品种很多，以金黄色的金珀和红色的血珀为最佳品种，含有昆虫的琥珀非常少见也更加珍贵，具有很高的研究和欣赏价值。

俄罗斯、罗马尼亚、缅甸都有琥珀出产，我国辽宁抚顺地区的煤田是琥珀的主要产地，品种丰富，质量也最好。

珊瑚

珊瑚是海洋生长的有机玉石品种，由微晶方解石集合体构成，有玻璃光泽，透明至不透明，硬度在4左右。色彩有白色、肉色、红色等，颜色浓艳色红而色调均匀的属上品，最为珍贵的当属红色珊瑚。珊瑚的显著特点为质地细腻，材质柔和，富有韧性。珊瑚的主要产区在地中海、非洲、日本海和我国的南部沿海地区。

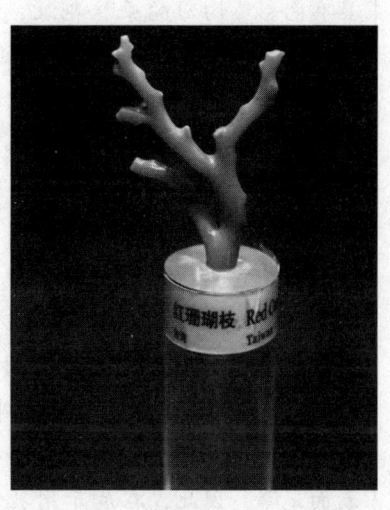

珊瑚枝

知识链接

孔雀石

孔雀石也是一种天然矿产物，其原本是一种含铜碳盐的蚀变产物，经常与铜矿并生。

孔雀石极为稀少，属单斜晶系，晶体形态经常呈现柱状或针状，常常呈隐晶钟乳状、皮壳状、块状、结核状以及纤维状集合体等。孔雀石的颜色有孔雀绿、绿、暗绿色等，它的绿是极为纯正、非常浓的绿。绿的孔雀

中国古代玉器
ZHONG GUO GU DAI YU QI

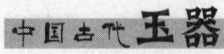

石尽管不具备珠宝的光泽，不过它却有一种鹤立鸡群的高雅气质。孔雀石经常有丝绢光泽或玻璃光泽，外表普遍呈现出不透明的深绿色，并且还具有色彩不均匀的条状花纹，这使得孔雀石拥有其他任何宝石所没有的独特的美丽。有趣的是，孔雀石个个纹理都不相同，它的这个独特之处也成为一个鉴别真假的方法。正因为孔雀石具有这些显尊的特点，因而孔雀石中几乎不存在赝品。

　　孔雀石尽管美丽，不过它却是一种非常脆弱的石头。它不比石头坚硬、稳固的优点，韧性又较差，因而极易破碎，我们应该轻拿轻放。我们看这世间夫妻，和丈夫相比妻子普遍都是比较柔弱娇小的，所以它也有"妻子幸福"的寓意。除此以外，孔雀石不仅容易破碎，而且它还拒绝接触酸性和碱性的物质。要是不小心碰到酸性或碱性的物质，就非常容易损伤表面光泽。因此，在展示用孔雀石作为材料的首饰柜台上，都会以黑玛瑙打底。

美丽的孔雀石

第二章

世代相传——古代玉器发展

中国玉器源远流长，其萌生、发展的历史不下万年，这已逐渐在考古发掘工作中得到证实。从考古学及其他科研成果看，中国、中南美及新西兰为古代三大玉器产地，若以起源之早、延续之久、用途之广、工艺之精、艺术之美等特点来衡量，则只有中国堪称世界玉器产地之巨擘。绚丽多彩、精美绝伦的中国古代玉器，不仅为本国人民所珍爱，而且备受世界各国人民所青睐。

第一节
古玉初现——原始玉器

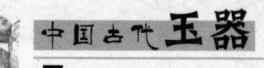

夏商周时期玉器概述

中国玉器有 8000 多年的历史，在这漫长的历史过程中，由于各个时代社会形态、生产力水平、社会历史文化面貌以及人们观念等的差异，各个时期玉器发展的面貌是不同的，但这是一个连续的过程，尽管有高潮也有低谷。

玉器脱胎于石器。早在旧石器时代晚期，人们就发明了钻孔、磋磨的技术，并有了使用玉材的最初经验。距今 2.8 万年前的今山西峙峪遗址就出土过一件水晶制作的小刀和一件由一面穿孔而成的石器装饰品，显示出制作者高超的技术。及至距今 1.8 万年左右的北京山顶洞人时期，精巧的装饰品已成为当时先民们的日常用器，遗址中出土的穿孔兽牙、海蚶壳、小石珠、小石坠等，数量众多。制作特别精巧的是 7 颗小石珠，原料为白色石灰岩，大小相当，不甚规则，最大直径 7 毫米，单面穿孔，可能是头饰。另有一双由双面对钻成孔的小石坠，系用天然的椭圆形黄绿色岩浆岩小砾石制成，两面扁平，其中一面有人工磨过的痕迹，比起峙峪出土的小石刀，其制作技术，尤其是钻孔技术有长足的进步。在距今 1.2 万年左右的海城仙人洞出土有用绿色蛇纹石（岫玉）制作的石器，显示当时对石质的辨认已有了一定的发展。以上资料说明，旧石器时代晚期，人们因为对美或对某些能代表一定含义饰品的追求，创造出石器加工的新技术——钻孔和磋磨，发现了具有美丽色泽和质感的玉材，为新石器时代早期人们制作玉器奠定了基础。

根据考古学材料，中国最早的玉器出现在距今七八千年的新石器时代早

第二章 世代相传——古代玉器发展

良渚文化玉钺

期的兴隆洼文化和查海文化，这两个文化墓葬中都出土了玉匕形器、玉斧、玉玦等工具和饰品。在新石器时代中期，玉器使用相当普遍，除少数文化外，大多数文化的遗址、墓葬中都有玉器出土，此时玉器器类又发展出一类专门用作祭祀和代表身份地位的礼玉。在新石器时代中晚期，我国东部辽河流域的红山文化，黄河中上游仰韶文化、齐家文化、陕西龙山文化，黄河下游的大汶口文化、山东龙山文化，长江中上游的大溪文化、屈家岭文化和石家河文化，长江下游的河姆渡文化、马家浜文化、崧泽文化，江淮地区的北阴阳营文化、薛家岗文化、凌家滩遗址以及珠江流域的石峡文化都在广泛使用玉器，形成了红山文化和良渚文化一南一北两个制玉中心。距今约5500～5000年的红山文化具有唯玉为葬的习俗，玉器大多为装饰品，以动物形玉器和圆形玉器为主，线条简练，造型生动传神，多为素面。以兽形玦和勾云形器最具代表性，红山玉器具有浓厚的巫玉特征。时代与之大致相近的良渚文化玉器，则代表了另外一个玉器系统。良渚玉器多见于祭坛遗址和大中型墓葬，墓中出土数量有的一墓能达到近百件。器类繁多，以各种装饰玉和礼玉为主，

29

造型深沉严谨、威武雄壮，典型器物是琮和璧等。良渚玉器表面常常装饰有细密的阴线刻和精湛的浅浮雕，兽面纹是其典型纹饰，庄严诡秘，令人望而生畏。红山文化和良渚文化玉器代表了中国史前玉器制作的最高成就。

兴隆洼文化玉器

因发掘于内蒙古敖汉旗兴隆洼遗址而得名，20世纪经过较大规模发掘的同类文化性质的遗址还有内蒙古林西县白音长汗、巴林右旗查干诺尔苏木锡本宝楞、克什克腾旗南台子、辽宁阜新县查海遗址以及天津宝坻县牛道口等遗址等，正式发掘出土玉器的总数已达100余件。经C-14测定，其年代为距今8200～7400年，由此认定兴隆洼文化玉器是迄今所知中国年代最早的玉器，开创了中国史前用玉之先河。

兴隆洼文化玉玦

兴隆洼文化玉器以装饰功能为主，充分体现出当时人对人体外在装饰美的追求；部分玉器具有礼器或神器的功能，出土的主要玉器有玦、匕形器、弯条形器、管、斧、锛、凿等。依其功用可分为用具和装饰品两大类。用具有斧、锛、凿；装饰品有玦、匕形器、弯条形器、管。

（1）玉玦：出土数量最多，选材和加工均比较讲究，是兴隆洼文化玉器的典型器类之一。一类呈圆环状，侧面有一道窄缺口，体中部略起脊，横截面呈多角形或近似椭圆形，内外侧边缘较薄。常成对出现在墓主人的耳部周围，应为耳饰。

（2）匕形器：出土数量仅次于玉玦，亦为兴隆洼文化的典型玉器。器体均呈长条状，一面略内凹，另一面外弧，靠近一端中部钻一小孔，多出自墓主人的颈部、胸部或腹部，应是墓主人佩戴的项饰或衣服上的缀饰。弯条形器和玉管数量较少，均为佩戴在墓主人颈部的装饰品。

（3）玉斧、锛、凿：其形制与石质同类器相仿，特征鲜明，形体较小，多数磨制精良，有的通体磨光，刃部锋利，有的侧面和顶部留有切割痕迹或疤痕。没有使用痕迹，其具体功能尚待探讨，但不排除作为祭祀用"神器"的可能性。

红山文化玉器

主要分布于内蒙古自治区东南部、辽宁省西部、河北省北部地区，其年代与中原地区仰韶文化大体相当，大体在距今约 6500～5000 年之间。因于 1935 年在内蒙赤峰红山遗址的发掘而得名，1954 年正式定名。目前发现的玉器，类型很多，反映了与当时的社会生活，特别是巫灵崇拜的联系，具有很高的科学历史价值，是我国东北地区极具代表性的新石器文化。

红山文化除以神庙、女神像的发现轰动考古界之外，另一重要的发现就是大量玉器的出土。红山文化的玉器除少数采集品不明出处之外，其余的出土于中小型墓葬中，每墓三件至九件不等。以玉为葬，以玉为祭，是红山文化上层建筑的重要组成部分，也是我国距今 5000 年前后由石器时代向青铜器时代过渡时期各地文化遗址的一个共同的时代特点。玉器出土地点除集中于老哈河、大凌河流域外，西拉木伦河以北的林西县、巴林右旗、阿鲁科沁旗等地区也很多见，在内蒙古翁牛特旗三星他拉、辽宁阜新县胡头沟、凌源县三官甸子、建平县牛河梁、喀左县东山嘴的遗址和墓葬中，也曾先后发掘和采集了大批玉器。由此可见，玉器在红山文化居民的社会体系中已占据了重要的地位。

红山文化玉器的玉材多为岫岩玉，硬度在 4～6，有黄绿色或淡黄色，另有少量的墨玉、青玉、玉髓、玛瑙和煤玉。材质主要以透闪石为主，另外还有少量的蛇纹石、绿松石、滑石、天河石等。

红山文化玉器主要用于佩戴或装饰，按照形体又可归纳为两大类：一类为几何形体，主要是箍形器、方形器、钩形器、云形器等；另一类即为动物形。按照功能可分为用具类、装饰品类、人物类、动物类和特殊类五大类，未发现琮一类的礼器。用具类有钺、斧、凿、纺瓜形器、钩形器、棒形器、锥形器等。装饰品类有环、镯、臂饰、珠、管、佩饰、菱形饰、绿松石串饰、玉睛等。人物类有玉人、人面饰等。动物类又可分为两大类，一类为写实题

材的动物玉饰，有玉龟、玉鱼、玉鸟、玉鹰、玉鸮、玉燕、玉蝉、玉龙首璜、长鬃龙、猪龙形玉饰等；另一类是虚构出来的猪龙、龙、凤、双龙兽形象。红山文化的玉龙有的为双首，有的为兽首曲身，很显然不是某一个具体动物的摹拟，而经过选择、取舍、抽象概括，根据想象中神化了的崇拜幻影创造出来的实体。

（1）玉龙：龙体内卷呈"C"形，龙首前伸，双目凸起，鼻口正面呈平面，形如猪嘴，亦有阴刻的两个鼻孔；上唇前翘，阴刻龙口紧闭，额头及颚下均有细密的阴刻网状纹。颈背有向上外卷的鬃鬣；体如蛇身，光素无足，背有一小孔用以系挂。材质多为青绿色的岫岩玉，或有黄玉，琢磨极为精细，光洁圆润。目前仅见赤峰地区出土。1971年春，在内蒙古自治区翁牛特旗三星他拉村发现的红山文化时期玉龙，是我国目前发现最早、保存最好的龙的形象，被誉为"天下第一龙"。

（2）箍形器：呈扁椭圆的筒形玉器，其长短不一，或有大小，通体较薄，一端较粗，呈斜坡状，另一端两侧或有小孔，因斜坡形似马蹄，亦称为"马蹄形器"。用途不明，因多出土于墓葬中的人头骨下，有专家认为用以束发，或称束发器。

（3）长方（方圆）形玉璧：多为片状，内外薄厚不均，似钝刃。或长方形，边略弧，角微圆，或近似长方；中心有一大圆形孔；其中一长边中间多有一或二孔，以穿绳。

（4）双（多）联玉璧：多为两个或多个单孔玉璧相连而成。排列有纵有横，纵向排列的下部一璧较大。整体较薄，角微圆，边弧，呈钝刃状，相连部位有凹槽。

（5）三孔器：体多为三孔相连，左右两端各饰一兽头。器体略厚，下部平整，上部亦呈连弧状，间有凹槽；孔洞较大，孔壁较直。

（6）玉猪龙：整体首尾弯曲呈"C"字形，是一种兽首虫身蜷曲成环状的抽象动物，头部正面似猪，故名。吻部前突，口微张，嘴眼之间刻有许

玉猪龙

多横向皱褶；双耳竖立，两眼圆睁，相连成对。首尾间有缺口，或完全断离，或少有连接，颈部有一悬绳的小孔。通常中间孔洞较大，系对钻而成，琢磨非常光滑。出土较多，为佩饰，兼有礼器功用，更主要的作用是祈求吉祥和护身之用，有祥瑞、压邪的作用。有学者认为是古代中国龙崇拜的最初形式。

（7）玉鸟：一般形体较小，小头，尖嘴，阔翅，多做展翅飞翔状。腹部刻画较背部细致，雕琢线条简明，背部雕琢简单。

（8）勾云形玉饰：主要见于辽宁阜新胡头沟、凌源县三官甸子、建平河梁等地红山文化墓葬中，是红山文化玉器特有的装饰品，大体呈长方形轮廓。器型较小，是一种不规则的片状玉器，中间多有镂雕的条孔作勾云状回旋，四边开有形状各异的各种岔口，佩面琢磨出与中心纹饰走向相一致的浅槽，上缘均穿孔，形状奇特，用途尚待考证。

（9）丫形器：片状玉器，上端似一兽头，双耳分开直立，大而薄，形似"丫"字。兽面纹双眼较大，沿下部的嘴宽薄；下端较长，有横向节纹，最下端有一小孔。或为原始图腾，其功用不明。

（10）玉蚕：形似蚕蛹，头部平圆身微弯曲，尾端收束呈钝尖状，头部一侧有双眼，背部穿孔。

知识链接

王莽篡位与"金镶玉"

在中国古代历史上，王莽应该算是篡窃神器的典型人物。他原本是以外戚身份入朝为官匡扶汉室，曾经官至大司马、封安汉公，国家大事都交给王莽作主，其地位极为显赫。其时是汉平帝在位期间，汉平帝只是一个12岁的孩子，还属于王莽子侄之辈，竟然无法得到王莽的一点怜悯之心。公元5年，一次王莽用椒酒给汉平帝祝寿，次日汉平帝便患重疾致死。王莽马上从刘姓宗室中再选一名两岁的子侄登基，这就是史书中所说的"孺子

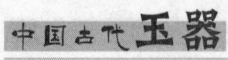

刘婴"。王莽称自己为摄皇帝，其实，这不过是操纵朝政的一大手段罢了。三年之后，王莽便推翻刘婴，自立称帝，改国号为"新"。唐白居易有一句诗说："周公恐惧留言后，王莽卑谦未篡时。"真是入木三分。

　　王莽篡位之际，心中最放心不下的是那枚标志为天命神授的传国玉玺。这枚玉玺原本一直在王莽的姑妈太皇太后王政君手中保管，王莽去向王老太后索要玉玺，王老太后气愤不已，坚决不愿意相让。王莽接着派大臣王舜追逼，遭到王老太后的严词痛斥。

　　王老太后怒不可遏地说："你王莽父子借着是宗室的外戚身份，仰仗我汉家的国威，才能够获得累世富贵，以至于你们在人臣之中获得显赫地位，真是没想到现在竟乘我皇室孤单，趁火打劫，抢夺我刘姓天下；半点都不顾念我对你们往日的恩义。像你这样的人，简直猪狗不如。放眼天下有像你这样的亲属兄弟吗？而且你现在都自封了皇帝，自然应该重定一套金匮符节，更换你们新的朝服纲领，更应当重新制作属于你的玉玺，让它万世流传，才能算是你的真本领。为何一定逼迫我交出这颗不吉祥的亡国之玺呢？我本为汉室老寡妇，肯定会不久死去，想和这枚玉玺一同安葬都无法办到，你王莽真是残毒至极的人呀。"

　　在王老太后的言语中，极为尊贵的天命神玺被说成了亡国不祥之玺。不过痛斥归痛斥，想不上缴是不行的，最后，王老太后迫不得已把此玺重重地摔在了地上。王莽得玺之后非常开心，还大摆酒席庆贺。有传说言此玺竟被摔坏了一角，王莽只好利用黄金镶补了起来，民间从此之后才有"金镶玉"一说。

良渚文化玉器

　　良渚文化分布的范围较广，大致是在长江下游、太湖地区及沿海一带。该文化圈出土玉器的遗址很多，而且数量大、质地优良。

众多遗址中皆有相类似的璧琮类和装饰类玉器的大量出土，故断定它们是属于同一文化系统的玉器。经科学测定，早期的良渚文化遗存大致距今已有5500～5000年的历史。目前在良渚遗址的周围，大约30千米的范围内，至少发现有60多处良渚文化遗存，它们为长江下游地区的史前考古提供了大量的历史信息和实物资料。

良渚文化玉器不仅出土数量较大，而且品类众多，其中神灵玉、祭祀玉、装饰玉等基本齐备。其主要品类有璧、琮、钺等。

1. 玉璧

造型为扁平圆形，正中有一孔，一般光素无纹，边沿或平直或钝刃，个别的磨出一周凹槽。璧面光滑，但薄厚不匀，并留有明显的切割或加工痕迹。璧孔对钻而成，相接处有因错位而出现的台阶痕。

另外，极少数璧面上还有用极为浅细的阴线刻画出的鸟纹或其他的图纹符号。

2. 玉琮

玉琮是良渚文化先民的创造，按其形制大致可分为两类：一类为圆镯形或近似圆镯形，一般琮体较矮，孔较大，外壁磨出四组长方形或中心出脊的凸面，在每块凸面上各施一兽面纹；另一类则为近方柱形，其大小高低不一，多在琮面上按照相等的距离，减地成槽为节。方柱形玉琮分节的数目不等，目前发现最多可达15节，高30多厘米。同时，琮体每节凸面上，均饰神人兽面纹，图纹较规范，具有很强的象征意义。特别是高大多节的方体玉琮，每节纹饰更加简化，仅用几道凸棱和单线圆圈目纹表示一下而已。中心圆孔为对穿，在孔心对接处，留有错位的台阶痕。

3. 玉钺

玉钺造型源于石斧，呈风字形，肩窄刃宽，两侧略向内收，近肩部有一圆穿，对钻而成，刃部弧圆。大部分光素无纹，目前仅见一件在正反面刃部上角浅浮雕一神人兽面纹、刃部下角浅雕一神鸟图案的玉钺。良渚文化玉钺的完整组合形式分别是由钺冠饰、钺、柄和钺端饰等器物组成。

4. 玉梳背

一般为上窄下宽的扁平倒梯形，长 5～10 厘米，宽 3～5 厘米，厚 0.3～0.4 厘米。上端中部通常有两个下凹的长条缺口，用以显示出顶部的凸

玉钺

起。不过也有的梳背饰，则在中心部位直接琢出向上凸起的尖顶，而顶部的下方还常有一扁方或长圆的孔洞。器面除光素者外，均以阴线或减地隐起、镂空等技法琢饰出神人形象和兽面纹。其下端为一薄而窄的扁榫，榫上有等距离的穿孔，数目 2～5 个不等，似作嵌缚之用。

良渚文化冠状玉梳背，一般出土于良渚文化的大型墓葬中，并位于墓主人头部左右。由于在其下方附近往往有成片的朱红痕迹，以及镶嵌用的小玉粒，还有明显的非常人所能佩戴的尺寸极小的穿挂饰品等，因此，最初考古学家认为，这种玉器应是镶嵌于有机质神像头顶的一种玉质神冠，故始名冠状饰。同时，在墓葬中，冠状饰（玉梳背）的随葬具有普遍性和单一性。一般的大墓中往往每墓一件。中等级墓地中，有少数随葬品较丰富的、规格较高的墓葬，也常有这种冠状饰（玉梳背）随葬。发掘简报曾指出："冠状饰应是作为神灵的象征物和降神巫术必需的一种法器，应当是每个具有巫师身份的人的必备之物。"

直至 1999 年海盐周家浜遗址出土了一件倒梯形冠状器与象牙梳齿组合在一起的完整的器物，人们才得以了解这种冠状饰玉器在良渚文化时期的实际用途（或为用途之一）。原来它们是一种梳背饰，是镶嵌于木、骨或象牙等有机质地的梳子顶端的玉质部件。周家浜遗址出土的这件复合器，通高 10.8 厘米，顶端的"冠状饰"素面无纹，长 6.4 厘米，底边与象牙梳镶嵌而成，象牙梳上半部分阴线细刻席纹和云雷纹的组合纹样，下半部有梳齿六枚。根据这则资料，目前多数学者已将其更名为玉梳背了。

5. 三叉形器

整体为半圆形，上端分出三叉。一般中间一叉较短，并有上下贯通的穿孔，不过也有三叉平齐者。器面上装饰有神人像或兽面纹等，出土时位于死者头骨上方，似为冠帽上的饰物。

另外，还有一种半圆形冠饰，造型呈半圆状，底边平直。器体正面微微弧凸，边缘略薄，有的光素，有的琢出兽面纹。背面相应向内微凹，并斜向对穿1~3对隧孔。出土时均在头骨上方，并以大致相等的间距围成一圈。一般每套4件，同时玉料、形状基本相同，可能是穿缀在冠帽上的饰物，或为额饰。

三叉形器

6. 锥形器

该器物是良渚文化玉器中常见的一种造型，基本形制为细长条状，大多一端为钝头，另一端扁圆且有一小短榫，榫上横穿一孔。其长短粗细不同，一般在10厘米左右，最长可达30多厘米。器体剖面为圆形和方形两种，圆形器多光素，方形器多饰有兽面纹。出土时位于墓主头骨上方，尖端朝上，并与三叉形冠饰邻近或叠压。

对于良渚文化玉锥形器的功能问题，目前主要有两种认识：其一为实用器，如可能是当时人们插在头上簪子的组成部分，或是中国最早用于针灸的砭针。其二为礼器，如墓主人冠饰的组成部分，或是从崧泽文化骨镞发展而来的礼器。不过就目前锥形器出土的数量和位置来看，或许它是与三叉形器共同组成良渚上层人物头戴的一种冠饰，或是插嵌在其他器物上的宗教用器，至于一些小型短粗状的锥形器，很可能是一种具有象征意义的坠饰。

7. 玉璜

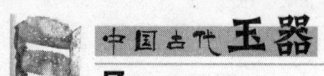

器体作半圆片状弧形，近似璧之一半，两端有对称的穿孔，可以系佩。璜面或光素，或以阴线、浅浮雕及镂空技法琢饰出当时流行的兽面纹。造型规整，琢磨精细。

8. 龙首纹圆牌饰

造型为圆饼形，中心钻一孔，有的在外缘一侧还钻有一小孔，大小一般在5厘米左右。较为奇特的是，在圆牌的外缘一般还常琢饰2～3个龙首纹图案，这种图纹一般先以浮雕的手法，使造型轮廓突出表面，然后再以阴线刻画细部，尤其是在凸吻的下方，往往刻一排整齐的牙齿。眼睛的上方，浮雕出两只竖立的耳朵，有的在面额部还刻有菱形纹饰。这一形象有别于当时流行的兽面纹，故专家研究认为，该图纹应为龙纹。

除了刻有龙首纹的圆牌饰外，类似的素面玉牌，在反山与瑶山也多有发现。直径一般在5厘米左右，呈圆璧形，边缘有一个可以系挂的小孔。它与龙首纹玉牌饰一样，出土时一般依次顺向排列于墓主人胸腹部。值得注意的是，凡有成组玉牌随葬者，均为墓地的北列墓葬，可见这种圆牌形玉饰，应是一种受祭祀功能约束的具有特殊身份标志的佩戴品，它的象征意义应非同一般。

9. 玉带钩

造型为长方扁平体，一端钻有圆孔，可穿绳连接，另一端挖磨成弯钩状，可能供钩挂之用。器面均光素无纹，穿孔外大内小，略有错缝，同时钩的内壁也留有明显的弧线切割痕迹，出土时位于死者腰部，当为系带之物。

龙山文化玉器

龙山文化玉器分布较广，大致包括有山东龙山文化、河南龙山文化和陕西龙山文化。最早发现于山东章丘城子崖，其后又有多处遗址发掘，是由大

第二章 世代相传——古代玉器发展

汶口文化发展而来的新石器时代考古文化，距今有4000～4600年。其中心区域主要在山东境内，西至聊城、菏泽、商丘和周口东部，南至淮海以北的苏北和皖北一带，东至黄海，而北界大抵扩至辽东半岛南部。

龙山文化玉器依其功用可分为用具类、饰品类和礼仪类三类。

用具类有斧、锛、矛等；饰品类有锥形器、镯、方形镯、璜、环、鸟形饰、半月形饰、牙璧、头冠饰、笄、珠等；礼仪类有钺、多孔刀、兽面纹锛、牙璋、琮、璧等。另外还有钻芯。

玉铲

（1）玉锛：器型呈平板状长方体，平顶凸刃，均厚，上下几乎等宽，有刃一端略宽少许，有斜浅钝刃。打磨光滑、平整，靠近背部顶端处两侧均有阴刻兽面纹。构图对称、纤细精巧。

（2）玉斧：长方形扁平体，两面斜削成刃，背部有孔，中部多为平行的弦纹和抽象兽面纹组合纹饰，质地细腻，打磨光滑。

（3）玉铲：扁平梯形，平顶弧形刃，四边有刃，形体较大。

（4）玉琮：外方内圆，大孔，体形较矮，外侧以折边为对称轴饰以弦纹和管钻成型的单圈双目，纹饰简洁。

（5）玉笄：扁平体，一端钝尖，一端有榫，榫上有洞穿小孔。

（6）玉钺：宽梯形，平顶斜刃，顶下有二管钻孔，中部以上两侧各有锯齿状凸起。

齐家文化玉器

齐家文化玉器因最早发现于甘肃临洮齐家坪而得名。中心区域在甘肃中西部、青海东部以及宁夏部分地区的新石器时代考古学文化，其年代距今约3500～4000年。玉器种类以生产工具、礼器和饰物为主。工具类主要有玉斧、

39

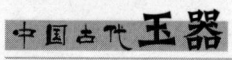

玉锛、玉凿和玉铲等；礼器类主要有琮、璧、环、璜、钺、刀、多璜联璧等；饰物类有玉佩饰、坠饰、发箍等。其风格特点为玉质硬度较高，个别器型制作不甚规整，但整体均经过磨研，边棱整齐。玉器材质有透闪石、阳起石、蛇纹石。

仰韶文化玉器

仰韶文化玉器最早发现于河南渑池仰韶村，广泛分布于黄河流域，其年代距今约4300～6700年。仰韶文化分布虽广，但出土的玉器却很少，主要器型有玉斧、玉璜、玉环、半月形玉饰、龟头形玉饰、玉耳坠、玉笄等。所用玉料均为河南本地的独山玉，数量少，制作上也很简朴。这说明仰韶文化的玉器在当时不是很发达，至少与年代相近的其他地域的文化相比，其玉器文化并不处于领先地位。

第二节
远古神韵——夏商周玉器

夏商周玉器概述

在旧石器时代晚期，我们的祖先就发现并开始使用玉石了。夏朝时期，玉器的种类已经相当丰富了，商朝也以众多的玉器著称，当然这一时期的玉器只属于贵族，象征着财富与地位。

夏代，作为中国历史上的第一个国家，其玉器也颇具特色。就现有的考古资料看，夏代玉器以玉钺、玉斧、玉刀等象征性兵器为特色，而其工艺、造型很多方面都继承了龙山等新石器时代晚期的玉器成就，同时，这些玉质兵器等典型器物在造型、纹饰等方面又与商代早期玉器极为相似，所以夏代玉器在中国玉器史上具有承前启后的作用。

商代前期玉器，在郑州铭功路、湖北黄陂盘龙城等地有所出土，以琮、戈、刀等器形为主；商代中期玉器则主要见于郑州商城等处；商代后期，以安阳殷墟妇好墓出土玉器为代表，仅该墓就出土玉器755件。品种按用途可分为礼器、工具、日常用具、装饰品、艺术品等类，造型规整，线条流畅，纹饰精美，装饰技法形成了自己的特色，如出脊齿、双阴线彻法等，常将线刻、浅浮雕和圆雕有机地结合起来。礼器、用具端庄典雅，装饰品雍容华丽，人物、动物雕像惟妙惟肖，还出现了中国玉器历史上最早的俏色玉器。商代玉器不少器形和纹饰直接借鉴自当时的青铜器，具有明显的时代特征。由于商代青铜器的繁荣，青铜工具势必用到玉器的碾制上来，这些玉器在开料、琢磨、钻孔、抛光等方面都表现出较高的水平。

金代双鹿纹玉佩

西周用分封和礼制维系统治，礼制中的各阶层在器用上的等级制度也体现在玉器上，出现了体现等级和礼制的组玉佩等礼玉。但严格的宗法制度、礼制观念和等级制度，使玉器失去了商代晚期生动活泼的气息，略显呆板。葬玉在西周有了大发展，除玉琀、玉握外，出现了玉覆面，这也是礼制在葬玉上的反映。在制作技术上，西周玉器承袭商代的双线勾勒并进一步发展，开创一面坡粗线或细阴线镂刻的技法，制作出以鸟形玉刀和兽面纹玉饰为代表的典型西周玉器。

　　春秋战国是文化艺术高速发展的时期，这一时期宽松的社会环境和铁器的大量使用，使中国古代玉器进入第一个繁荣阶段。受儒家思想的影响，此时的玉器已与礼制有机地结合起来，被赋予了更多的文化内涵。谦谦君子无不以玉为典范，"君子比德于玉"，玉佩饰成为最重要的器形，其中，最能体现时代特征的是各种龙、凤、虎形玉佩，造型优美，线条流畅，富于活力和艺术性，反映出当时人们思想的自由性和创造性。传统礼器玉璧成为最重要的礼器，成为最能与文献中的六瑞相印证的器物。在碾制技术上，镂空、浅浮雕普遍应用，技术高超，同时，还大量使用镶嵌工艺，常将玉、绿松石、玛瑙、宝石等不同色泽、不同质地的玉料与使用金银错、鎏金的金属器物镶嵌起来，具有富丽堂皇、精美绝伦的艺术效果。春秋战国玉器，以其使用的普遍性、丰富的文化内涵、极富创造力的造型、精美的纹饰和极高的工艺成就创造了中国古代玉器发展史上的第一个高峰。

夏代玉器欣赏

1. 玉圭

　　二里头出土的玉圭与龙山文化玉圭的形制近似，呈长条形，上端多平首，底端有一孔或两孔，圭面或光素，或环有数道凸弦纹，个别精细

玉圭

第二章 世代相传——古代玉器发展

者在弦纹间还夹饰有几何形状饰纹。其形体不大，一般长 20 厘米左右。

知识链接

以玉沉河

古人认为河神是极为显贵的神，它可以决定降雨，决定谷物能否丰收，甚至还可以决定战争的胜负。《左传·僖公二十八年》："初，楚子玉自为琼弁，玉缨，未之服也。先战，梦河神谓己曰：'畀余，余赐汝孟诸之麋。'弗致也。大心与子西使荣黄谏，弗听。荣季曰：'死而利国，犹或为之，况琼玉乎？是粪土也，而可以济师，将何爱焉？'弗听。出，告二子曰：'非神败令尹，令尹其不勤民，实自败也。'"这个故事讲述的是楚国名将子玉在带兵与晋国作战之前，梦见河神向他索要嵌玉的冠以及缨，子玉醒来后，他不舍得把美玉送给河神，他的儿子大心与子西请荣黄规劝他，荣黄讲："我们为国家的利益决定一死，难道还在乎美玉吗？美玉就像粪土一样，要是有利于战胜敌人，有什么不能舍弃的呢？"子玉依然不听，荣黄对他的儿子讲，不是神使子玉失败，而是他这是自己走向失败。后来，楚国果然战败。

2. 玉戈

多直内，长援，刃部规矩，器面平整，无使用痕迹。内中部均有穿孔或饰有简单的线纹，周缘开刃处，有明显而挺拔利落的凸棱。有的器体硕大，琢磨光洁细腻，可见当时开料及碾磨工艺已具相当高的水平。

3. 玉牙璋

器体较长，首端呈叉状形凹弧刃，两尖斜出自然而不对称，柄部常琢饰出对称的扉棱。较之龙山文化时期，造型更加规整，琢磨也更加精细，扉棱的装饰更加复杂繁华。夏代之后，这种自龙山文化出现的大型牙璋，在中原地区逐渐消失，不再使用。

4. 多孔刀

继承了龙山文化玉刀的形制，呈长条梯形，平背，双面刃，两侧多饰对称的扉棱，近背部穿孔3～7个不等。器面或光素，或琢饰阴线纹、斜格纹等。这种玉刀，形体宽大，有的长达65厘米，具有一定的政治权力象征。首端宽，呈斜削，内弧有刃，柄端窄，两侧有对称齿，有扉棱阑。

玉刀

5. 其他玉器

（1）玉钺：发现不多，其中一件呈平面梯形，刃线微弧，有钝刃，中上部钻两圆孔，乳白色，通体磨光，具有较原始的特征。

（2）玉戚：两侧均有锯齿状扉棱。可分为两种：一种略呈长方形，刃部微弧，上端有一小穿孔；另一种背部稍圆，两侧近直，刃分4段，两面直刃，中部钻一大圆孔，又称璧戚，与商代戚形制近似。

（3）玉刀：二里头出土有3孔和7孔的玉刀，均呈梯形，较长，上窄下宽，较厚，两侧有对称的锯齿状扉棱，7孔玉刀两端近扉棱处均有细密阴刻斜线相互交织成的斜方格纹，孔壁较直。这种形制的石刀在辞家岗遗址曾大量出土，是新石器时代常见的器形。

（4）玉铲：发现多件，有些已具备后世圭的雏形。二里头玉铲大体呈长条形，系白玉制成，部分表皮带紫红色，双面磨成的钝刃略弧。顶端有一圆穿。

（5）玉柄形器：有方柱形和片状之分，出土较多，其中二里头所出外形似鞭，由粗细不同的6节组成，粗节上用单线或双线勾撒法琢出以夸张的口部和目纹为主体的兽面形象，中节（包括柄部）琢成花瓣纹，细节则起两三圈凸棱，末端以线刻和浅浮雕的手法琢成兽头形，柄的顶端及正背面两侧各有一孔，孔相互连通，末端侧面也有一个对穿的圆孔。其余的柄形饰形制均不甚规整，多素面无纹，个别简单刻画抽象的兽面形象，制作亦略显粗糙。其用途尚不明确，渊源也无从考证，有待进一步印证。

（6）玉尖状饰：现仅发现一件，长7.8厘米，中部直径1.15厘米，翠青色，通体磨光，器呈两端尖状的圆柱体，中部钻两小孔，穿孔处磨成一平面，用途不明。

还有一些板形玉、璜形玉、方形玉、瓶塞形玉等，多已残破，具体用途也不明。值得注意的是，上面提到的戈、钺、刀、镯形器、铲形器的表面常发现有朱砂打磨痕迹，其意义值得研究。

此外在二里头遗址还发现有一件直径17厘米、厚0.5厘米的圆形铜片，其四边镶嵌61块长方形绿松石，中间用绿松石嵌出两圈十字形的图案，每圈均为13块，这是我国早期"铜嵌玉（石）"工艺的突出代表。

总之，夏代玉器虽然发现不多，但却上承周边地区石器时代玉器的造型、风格，下启商代玉器之先声，实质上是红山文化、良渚文化、龙山文化时期的玉器向商代玉器的过渡阶段，其重要意义是不容忽视的。

商代玉器欣赏

1. 玉龙

玉龙在商代墓中有较多发现，大部分龙的造型呈蜷曲状，首尾相接，有的背脊出现扉棱，头部较大，张口露齿，并在头顶处琢饰有粗短的双角，臣字形眼，云纹鼻，躯体分别饰菱格、三角或变形云纹，有的在腮部还刻有重环纹。其中最精致的一件，是妇好墓出土的圆雕玉龙，长8.1厘米，高5.6厘米，新疆和田青玉琢制而成，头略大，微昂，张口露齿，臣字大眼，两角粗短，龙尾蜷曲贴于右侧，前肢两短足微向前屈，龙体浑圆，背有扉棱，浑身满饰菱形纹、三角形纹，腮部刻有重环纹。很明显，商代的玉龙造型基本延续了红山文化晚期蜷曲龙的模样，但其头部和身躯都有了较大的变化，并且出现了前肢和几何纹装饰图案，在琢磨技法上则大多采用了双钩线，即利

商代玉龙

用两条阴线琢制碾磨出一条阳纹，从而使图案显得丰满突出而且流畅清晰。

2. 玉虎

造型多作伺机而起的伏卧状，头部较大，张口露齿，双眼为臣字形或方框形，尾端多向上卷曲，身上饰云纹及变形几何斑纹，腮、背常见重环纹。一般圆雕虎身体呈柱状，扁平片体之虎两面纹饰相同。

3. 玉熊

造型多圆雕成蹲坐之状，头微昂，双耳竖起，臣字眼，嘴略长而且前凸，前肢抱膝，身饰双线云纹，一副逗人喜爱的憨厚神态。一般在颈部或其他部位钻孔，似为一种佩饰，同时也是一种具有特殊意义的神灵之物。

4. 玉牛

商代玉牛，多跪卧或伏卧，双目平视，神情庄重，身饰云纹和简化重环纹，额中常有一菱形装饰。此外，还有一种扁平体的牛面饰，"臣"字眼，云纹鼻、额间阴刻的菱格纹常被一圆孔替代，其传统命名为兽面饰。

5. 玉象

造型浑圆，四肢短粗，其大耳小眼以及卷曲的长鼻，均刻画得极为生动，不过身上依然装饰有非大象本体所实有的几何形云纹，可见商代装饰手法的特殊性。

6. 玉琮

器体外方内圆，多光素或仅刻几道线纹和凸棱，还有一种与良渚文化的圆镯形琮相似，较矮略圆，四周凸面分饰蝉纹、弦纹等。此时的玉琮不见了良渚玉琮那种非同寻常的神人兽面纹，而是吸收了一些中原龙文化玉琮的形制和纹样。可见，商代的玉琮是在继承了良渚文化及北方诸原始文化的传统基础上，形成的一种特有的文化载体。同时，从商代开始，玉琮表面上的图纹也发生了很大的变化。

7. 玉磬

古代的一种乐器，悬挂于架上，击之而鸣，有单一的特磬和由数件大小

玉琮

依次组成的编磬。商代磬略呈长条形，一般上宽下窄，近顶端有一圆穿，可悬挂。表面磨光，或刻文字，或琢饰龙、凤等图案。春秋战国以后，近似人字的矩形磬，成为历代磬之特定的形制。可以说，磬是中国礼乐典章制度中重要的器物。

8. 玉璜

多呈扇面形或半环形，光素，两端有孔，边角不甚规整。精致者，璜面琢有几何形纹。此外，还出现了龙形璜和鱼形璜等。龙形璜，体弯曲呈弧形，背部雕出脊棱，身上饰变形云纹；还有的以两端为龙首，躯体刻重环纹、菱格纹等。动物形璜之造型，多变化不定，随形而琢。璜之两端均有穿孔，应是商人的佩戴之物，也是身份地位的象征。

凤鸟纹玉磬

9. 玉刀

刀身窄长多凹背弧刃，尖略上翘，柄短且薄，有的刀背饰齿状扉棱或在刀面近背处雕琢出龙纹或几何形图纹。如妇好墓出土的龙纹刀，长达33.5厘米，刀身呈窄弧形，其上半部正反两面均雕琢龙纹，刀背处的扉棱规则有序，造型精巧别致，似非实用，当为一种仪仗用器。安阳花园庄54号墓出土的玉刀，通长25.2厘米，翘首长柄，背部镂空出扉棱，刃较锋利，刀身两侧装饰有并行排列的小鸟纹，极为精美。

10. 玉斧

商代由于青铜工具的使用，实用的玉石斧较为少见，但作为礼仪用的玉斧仍时有发现，而且图纹装饰更加复杂。如妇好墓出土的一件兽面纹玉斧，通体作长扁圆形，上厚下薄，斧面以单阴线和双钩线相互配合的碾磨方法，装饰一宽眉阔目，神态威严的兽面纹，实为商代玉斧之精品。

11. 玉调色盘

调色盘是以背向对作站立状的两只钩喙大眼、短翅长尾的凤鸟为造型，长11.8厘米，宽6.5厘米。盘为方形，一端平，另外三侧有高起的边框，盘的后面雕饰的两只凤鸟，挺胸昂首生机勃勃，既实用又富有艺术性。出土时盘底满染朱砂，故推测此盘当作调色之用。

12. 玉梳、笄

商代人用于束发或装饰的玉梳与笄也很有特色。梳身为纵向长方形，齿较粗但尖端薄且排列整齐，梳背较宽大，或饰兽面纹，或雕出凤鸟形象，具有很强的装饰性。笄则近似圆锥形，顶端多平顶无帽或呈椭圆。精细者在笄头还雕饰有凤鸟、龙纹或人形图纹，器体磨制得较为光洁。

商代玉梳

西周玉器欣赏

1. 璧

西周最为重要的礼器之一，少有出土。早期多光素，边缘不甚规整，质料较差，工艺不精；晚期出现以宽阴线等手法表现的卷体龙纹、凤鸟纹和云纹等，线条流畅，工艺趋精。

2. 琮

琮出土极少。形制简单，分为大、中、小三类，多呈高矮不等的方柱体，形状都比较规范，均为外方内圆，制作不够精致，多数光素无纹，通体抛光，或四面雕琢有双层阴线鸟纹等，线条流畅。

3. 圭

圭大致可以分两种：一种源于商代玉器，长方形、一端似有刃的片状玉圭；另一种近似于戈。西周玉器中的一些玉戈，两侧的对称性更强，逐渐演化为东周时的带有尖状圭角的圭。

4. 戈

戈在西周墓葬多有出土，所出比例较大，为西周重要仪仗用品之一。形制多沿袭前制，锋部呈三角形，援身或宽或窄、或直或弧，形式多样。无胡，援中有较明显的脊线，长方形短内，内中有穿，制作精致。另有形体特小、制作精巧的小戈，多用于串饰和佩饰中。

5. 戚

戚数量较少，其形制与商代后期的同类器物几无二致。大体分两类：其一形制基本呈竖长方形，刃部微弧，两侧中部起锯齿状扉棱；其二弧刃较宽，两侧起扉棱，戚身中部有一大穿孔。

6. 璜

璜是西周重要的礼器和装饰品，虽《周礼》中有"以玄璜礼北方"的记载，但从考古发现来看主要还是作为装饰品。其在西周各地墓中较为常见，多置于死者的胸、腹部，璜体一般均为圆周的2/3，个别有1/2的，大多为两端各有一穿孔，佩戴时呈下弧状，而上弧中及两端各有一穿孔的三孔璜，悬佩时呈上弧状的则非常少见。除光素无纹者之外，多以浅阴线刻划出龙纹和凤鸟纹。

西周玉璜

7. 鹿

鹿在西周动物形玉雕中是最具特色的器物，绝大部分为浮雕，也有少量圆雕作品，或昂首前视，或回首顾盼，或奔跑，或站立。鹿角变化多端，或双枝呈花树，或单枝分叉，或独角横伸，自然生动。

8. 玉夔龙

西周晚期龙体变长，龙角雕琢不甚明显，多为叶形耳、短角，菱形眼眶，唇外卷，足分二或三爪，身饰鳞纹、重环纹、云纹等。

9. 柄形饰

柄形饰的数量较多，形制差别较大，长短、粗细各不相同，多数在柄上饰有平行的凸棱和阴线刻纹，少数雕有精致的凤鸟纹图案，并有镶嵌件使其组成一完整器物，镶嵌部分主要由带扉棱或浅槽的小型长条饰、长方形饰、圆形饰、兽头饰和各种形状的绿松石薄片相互黏合组装在一起。

10. 玉串饰

玉串饰在西周普遍流行，其主要部件是各种玉石质的管、珠，间或配置璜、戈、玉人及其他动物形玉雕，多作颈饰用，个别用作腕饰。从西周墓葬中出土的情况证明，其已成为奴隶主贵族不可或缺的饰物，并在社会各阶层广泛佩戴。

11. 组佩

组佩是将多件形状、名称不同的佩饰组合成一套佩带，具有某种特定的意义，多以玉璜为主体，间配以其他各种小件玉饰。玉璜又可称为玉珩，是因为它能够在悬佩中起到平衡作用。地位越高者所佩组佩的结构越复杂，长度越长。大型组佩结构较为复杂。

12. 玉人

玉人的数量很多，多数都是佩坠类，可以分为写实风格的玉人、着华丽服饰的玉人、人兽组合型玉人。人脸较平，似为瓦面脸，宽鼻。人的五指相并，指端平齐，以几条阴线表示指间的分界。

13. 玉鱼

玉鱼是西周最为常见的饰品之一，广泛出土于各地的西周墓葬。多承袭前制作写实性浮雕，形象较为生动。

14. 玉蚕

玉蚕在西周较常见，主要用于玉串饰和玉组佩之中，绝大多数是圆雕作品，首尾分节，从五节至十节不等，以六节者最为常见。蚕体多作钩或弧形，雕琢精细。

15. 玉蝗

玉蝗与玉蚕一样多用于串饰和组佩之中，圆雕较多，除大小略有差别外，形制多相似，一般体均呈三角形，头背挺直似趴伏在地，圆目突起，多在口部穿孔，常以简练、概括的阴线刻划出两翼轮廓。

16. 玉覆面

玉覆面也叫"瞑目"，又名"缀玉面幕"，按人的五官分别制作的片状玉件，代表人的五

玉人

玉雕鱼

官而缝在布上，覆在人面之上。西周的玉覆面不仅以覆面为主，兼具人的五官形态特点，并在覆面以外添加一些装饰性玉片饰。

春秋玉器欣赏

1. 玉璜

造型多为扇面形，璜体表面饰有阴线刻或浅浮雕的龙首纹。碾磨精细，图纹繁密，龙首上下变化相互纠结，给人以眼花缭乱之感。此时玉璜最大的特点和变化是一改西周玉璜两端穿孔、佩戴时弧缘向下的组合形式，而变为穿孔设置于弧缘正中，佩戴时两端向下，弧缘向上。

2. 管、觿

玉制的管与觿，依然是春秋佩饰玉的重要组成部分。玉管形制多样，有方形、圆形、扁方形。器物表面同样饰有繁密的龙首纹，有的方形管，为了突出和强化龙首的多变效果，还有意地在棱角的边缘随形而琢，使之更富有一种立体感。

3. 玉剑首

玉剑的柄端所嵌玉饰即为剑首。最早的实物，发现于江苏六合县程桥镇的春秋晚期墓葬中。该器物较小的一端有一孔，可供剑柄插入。正视呈梯形，两边及顶端用浅凹槽分割成方形凸块，整体满饰以云纹谷纹组成的变形龙首纹。此后发现的玉剑首，一般以圆饼形居多。

4. 剑格

剑格是处在剑首之下，剑口之上，即剑把和剑身之间的玉质饰物。它同剑首一样，最早同出土于江苏程桥镇的春秋晚期墓中。造型两端呈椭圆形，中心有一菱形孔，孔的周围饰有勾连云纹，正面四周用六道浅槽，分割成大小不等的长方形凸面，每凸面均饰有不同的几何形纹饰，风格与同出剑首相

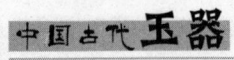

似。此器发现时，菱形孔内仍嵌有青铜剑柄。

5. 玉珌

玉珌是一种有孔道可供穿挂的饰物，它与皮革和剑鞘有着密切的关系，往往出现于剑鞘侧略近鞘口和人体尸骨腰侧的部位，可见它是使剑穿挂于革带上的唯一饰件，有一定的实用价值。其造型大同小异，一般面上部平整，呈长方形，有时略呈弧形，或光素，或琢饰有谷纹、云纹、兽面纹等，器面的两端向下并向内弯曲微收，侧视下部略近一端有一长方形穿孔，供穿挂之用。

知识链接

"玉声"与"玉韵"

玉不仅被认为质色、德性、音声都是美的，就是在中国古代音乐以及文学等艺术文化的审美取向中，玉同样是至善至美的境界象征。

玉声清脆动听，古代把玉制作成磬，玉磬是供天子专用的。在殷墟出土的虎纹磬，就是用大理石制作的。大理石质色都很完美，或许古代也把大理石当作玉，至少也是"石之玉者"一类。古人身佩玉石，用玉声使自己的步幅行速减慢，也是因为爱听佩玉相击的玲珑之声。因为玉声被认为是最为美妙的声音，因而只要是美妙之声都可以被称为"玉声"。声音清越的乐器也大多数以"玉"美称呼之，像是玉笙（瑶笙）、玉箫、玉琴（瑶琴）、玉笛等。管乐器还能够全部称为"玉吹"。清汪熷《长生殿序》里的"繁丝哀玉，适是写其绸缪"，更是只以一个"玉"字指代管乐的声音。

"玉声"不仅是指代美的音乐之声，同样也常用来称赞美诗文。因为古代诗文尤其注重字句声律的和谐动听，也就是指语言的音乐之美。刘勰《文心雕龙·声律》两次运用玉声形容文学声律之美："左碍而寻右，末滞

第二章 世代相传——古代玉器发展

而讨前，则声转于吻，玲玲如振玉。""古之佩玉，左宫右徵，以节其步，声不失序，音以律文，其可忘哉！"《文选·颜延之〈和谢监灵运〉》："芬馥歇兰若，清越夺琳圭。"唐令狐楚《奉和仆射相公酬忠武李相公见寄之作》："初瞻绮色连霞色，又听金声继玉声。"白居易《将发洛中枉令狐公手札兼辱二篇宠行》："玉韵乍听堪醒酒，银钩细读当披颜。""玉声""玉韵"都是对别人诗作的称赞。

6. 玉珌

玉珌是装饰在剑鞘末端的玉制品。目前最早的玉实物资料出土于太原金胜村赵氏墓中。一件呈扁长方体，长4厘米，高3.7厘米，厚0.9厘米。上端两角处各钻一穿孔，孔内有三道金丝与剑鞘下端相连，中部有两个凹坑，可纳鞘之底端，玉珌表面满饰颗粒饱满的勾连云纹。另一件为动物造型，似鸟非鸟，似鱼非鱼，十分怪异。

玉珌

7. 玉璧

玉璧的出土很多，较明显的特点是谷纹璧开始流行和出廓璧、镂雕璧的出现，素璧比例逐渐减少。谷纹璧是双面雕琢细小的谷纹，内、外一周边缘各有一道等宽的素边。除此之外，常见的还有蒲纹、小勾云纹、双身龙纹与谷纹相结合等。出廓璧是在玉璧的外廓雕琢有龙、凤或其他动物形象。镂雕璧是在玉璧的内孔和外轮廓以透雕的方法，将龙纹、龙凤纹或其他纹饰同玉璧一起雕琢成形，有全镂雕和局部镂雕之分。较为常见的是内孔雕有兽身龙，

55

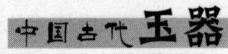

昂首翘臀，尾亦上翘外卷，大嘴，生有犄角。璧廓外所饰鸟纹多见于两侧。带有镂雕的鸟纹，鸟身朝外，头小尾低，颈及背部与璧相接。饰有云纹和勾连纹的璧仍流行，素璧日趋见少。

第三节
皇室气象——秦汉玉器

秦始皇灭了六国以后，使得天下得到了统一，并建立了我国封建社会的第一个真正的王朝——秦朝。国家的统一使得经济迅速繁荣起来，而这一时期的玉器也得到了空前的发展，皇室用玉更是成风。后来，汉高祖建立了汉朝以后更是把皇室用玉的风气推向了新的高潮。玉器的种类也更加丰富起来。

秦汉魏晋南北朝时期玉器概述

秦朝统治时期短暂，玉器资料较少，秦玉面貌尚不是很清楚。汉代是中国古代玉器发展的第二个高峰。汉玉继承并发展了战国以来的琢玉传统，但有很大突破，并形成了自己独特的风格。在各类佩饰继续发展的同时，以璧为代表的传统礼玉也大量生产，同时大量的日用生活类器皿成为汉玉的特点之一，由于黄老之学的兴盛和人们对玉的迷信，汉代还将葬玉发展到历史的巅峰，制作出金缕玉衣和九窍塞等一套完整的葬玉礼制。在装饰和造型上，汉玉大量采用高浮雕和圆雕，普遍使用镂空花纹和表面细刻线纹的手法。玉器的表面抛光技术也达到很高的水平。随着张骞开通向西的商路，大量优质和田玉进入中原地区，玉质优良也是汉玉的一个明显特征。

三国两晋南北朝时期，战祸不断，经济凋敝，玉器制作跌入低谷。此阶

第二章 世代相传——古代玉器发展

段考古发掘出土的玉器数量少、质量低，从造型、工艺等方面都没有超出汉玉成就。这是中国古代玉器发展的一个黑暗期。

秦代玉器欣赏

1. 玉人

器形为长条扁平体，有男女之分，头顶扁，右有一发髻，与临潼秦俑的发型相似。面部五官用阴线刻划出眉、眼、鼻、口和胡须，身体为长条形，仅具象征意义，中间饰菱格纹腰带。女性，头部浑圆，面部也用阴线勾划五官，腰间以一条阴线表示腰带。玉料青绿，琢制简朴，应是一种明器或具有某种巫术及原始宗教意义的祭祀用器。

2. 玉虎

造型呈扁平片状体，长11.5厘米，宽4厘米，玉色青绿，间有白斑。虎作伏卧状，周缘琢制出轮廓后，便用细阴线分别刻划出头部、五官、四肢及长尾。同出土的一件虎头璜，玉料工艺极为相似。这种形制的玉器，均属于春秋战国以后出现的祭祀用玉，一般材料较差，青绿色居多，制作工艺也比较简单粗糙。

3. 玉剑饰

剑首呈圆饼形，正面中心微鼓凸，以阴线刻饰卷云纹，外沿一周琢饰去地隐起、分布较为疏朗的谷纹，背面正中有一圆形沟槽，以供嵌缚使用。

4. 玉璜

玉璜呈长方形，器体表面通饰均匀规整的浅浮雕谷纹，谷纹之间皆用

玉剑饰

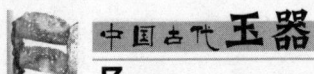

阴线相互连接。器体两端向下卷曲，使边缘呈弧圆状。其下为一长方形穿孔。造型虽然简单，但做工精细，边角方圆适度，甚是规矩。

汉朝玉器欣赏

1. 璧

璧在汉代玉器中最为常见，它是在战国晚期玉璧的基础上进一步完善和发展起来的，以其形制规整、做工精细、纹饰精美而代表中国古代玉璧的最高成就。根据其形制、纹饰大体可分为以下几种。

（1）素璧：出土较少，制作略显粗糙，主要出土于河北满城二号汉墓，均镶嵌于漆棺外表。

（2）几何纹璧：是较为普遍的形制，在各地墓葬中多有发现。其以密集的蒲纹、谷纹等几何纹饰以璧的两面，并辅以网纹、云纹等。通常在外廓和内孔的边缘都各饰一周弦纹，形成较厚的内、外廓。

（3）龙凤纹璧：即在璧的肉上浮雕或透雕出兽面、凤鸟等动物形象，纹饰满布璧面，边廓较厚。

（4）蒲（谷）纹龙凤纹璧：亦为常见器型，即在饰有谷纹的璧肉之外加饰一周等宽的透雕的兽鸟纹饰，以龙凤、螭虎为多，相互缠绕，造型工整。

（5）出廓璧：即在饰有谷纹或蒲纹的璧肉外缘，饰以一组或几组凸出的透雕龙凤螭虎等纹饰。其中西汉以龙凤纹为多，东汉则以螭虎纹为主。纹饰常对称成组出现。

2. 葬玉

葬玉是汉代玉器中极富特色的玉器之一，严格来讲仅包括玉衣、玉塞、玉琀和玉握四种，人体各部位配备较为完善，注重实用。而镶玉漆棺和玉枕或为特例，是由战国时期的缀玉面罩和缀玉衣服发展而来，可能出现于文景时期，武帝时开始盛行。汉人继承并发展了先秦儒家"贵玉"的思想，贵族们认为生前佩玉，死后也应随葬大量的玉器，同时还迷信玉能保护尸体不朽，汉代贵族为祈求尸体不朽而制造了玉衣。西汉中期玉衣多有发现，现发现两汉时期的玉衣共有20多套（件）。其形制大致为人形，分头部、上衣、袖子、手套、裤筒、鞋子六部分，均由长方形、方形、梯形、三角形、四边形和多边形的玉片拼接以金、银、铜丝编缀而成。头部分脸盖和头罩，脸盖上刻制出眼、鼻、嘴模样。上衣分前、后片，前片按人体形制成，胸部宽广，腹部鼓起，后片下端编做成人臀部的形状。

金缕玉衣的头部

西汉时期，各诸侯王普遍使用金缕玉衣殓葬，直至东汉方基本确立玉衣殓葬制度。皇帝大丧专用金缕玉衣，诸侯王、贵人、公主用银缕玉衣，大贵人、长公主用铜缕玉衣。玉衣殓葬习俗一直延续到东汉末年。

葬玉有以下五种：

（1）九窍塞：填塞或遮盖死者体表9个窍孔的玉器，分别为耳塞、鼻塞、口塞、肛门塞、眼盖和生殖器盖（塞）共6种9件，目的是保护尸体，防止精气外泄，尸体早腐。

（2）握：是握在死者手中的玉器，握玉的目的大概是希冀以玉石质坚色美的特性来保护尸体不化；西汉时多为璜形，东汉以后多为豚形。

（3）琀：是一种专门用来殓葬的玉器，放在死者口中，体无穿孔，从西汉中后期开始形制逐渐定型，较常见的为蝉形。通常蝉体扁宽，头部双目外凸，尾和双翼呈三角形，正反两面均以阴线刻饰。取其蝉形概因其以饮露为生、清洁而高雅或假借蝉脱壳再生之意，寄望于死者早日转生，象征变形和复活。口塞（另一种殓葬器物）与其功用大致相同，但口塞仅限于高级贵族阶层，而琀则较为普及。

（4）镶玉漆棺：是除上述3种葬玉外的一种特殊类型，为河北满城二号汉墓所出土。棺内壁的盖，左右侧壁，前、后墙和棺底的6大面共由192块青玉板镶嵌，外壁共有26件玉璧和8件圭形玉饰镶嵌而成。

（5）玉枕：多出土于汉代诸侯墓葬，数量较多，有生活用器和丧葬用玉两种功能，有以阴线刻饰几何纹者，也有镶嵌的。

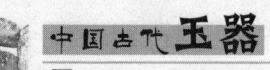

知识链接

北京玉器市场

在明、清两朝时，北京玉器以御作为主导，玉业盛况空前，全国玉雕良师聚集北京，素有"中国贩玉者，东入中华，卸萃燕京"之说。沿袭传统，19世纪20年代至30年代，北京玉器作坊林立，洋庄商号玉器进出口业务兴旺，北京玉器曾出现一段时间的繁荣。1949年后，北京玉器业认真学习、挖掘传统技艺，努力培养人才，积极创新开发，得到了迅速的发展。至20世纪80年代，北京市玉器厂的专业职工已达三千多人。北京玉器业技术力量雄厚，至1996年有中国工艺美术大师12名，北京市工艺美术大师18名，高级工艺美术师10名。五十多年来，北京玉器大师们创作了许多在国内外颇有影响的作品。从1981年起，连续八届荣获中国工艺美术品百花奖金杯奖，连续八届有作品被评为中国玉器国家级珍品。20世纪80年代开始，集两代艺师之精英，前后历时七年，为国家制作完成了四件翡翠珍宝——《岱岳奇观》《含香聚瑞》《四海腾欢》《群芳揽胜》。这项工程完成后，北京市玉器厂获得了中华人民共和国国务院的嘉奖，此等殊荣，实属空前。北京现代玉器的品种主要有器皿、人物、花卉、鸟兽、盆景、首饰等，其中以人物和俏色作品最为突出。北京玉器的特色重在表现玉料的润泽，重造型的气势意境及外形完美，强调突出体积感和空间结构感，用料绝妙，作品工巧爽利、厚重沉稳。

3. 玉兽

玉兽一般作为镇坐席的玉镇使用，因此一般为屈腿，重心较低，不易碰倒。汉代镇的使用更为普及，多做成异兽形。常见的异兽造型有玉天马、玉螭虎、玉辟邪等。

（1）奔马玉人：玉马呈奔腾状，屈腿、挺胸、双耳竖立、张口露齿做嘶鸣状。背上骑士身着飘逸短衣，头系方巾，手执马鬣，构思新颖，雕琢精美，动态十足。

（2）天马：为卧马，马头稍长，面部似有尖状突起。

（3）螭虎：为侧身俯卧状，凸胸、曲颈、方嘴、阔唇、圆眼、独角，两足侧卧，两足腾起，粗尾分叉，两排双翼，前排四羽，后排三羽。

（4）辟邪：西汉时始出现，是传说能够驱邪辟魔并带来祥瑞的神兽。基本造型为头似马、细长颈、薄唇，张口露齿，面目狰狞，凸胸，身躯稳健，体生双翼，做卧伏或匍行状。

（5）玉鹰：出于咸阳渭陵附近。圆目勾喙，两翼平伸，尾羽散张做俯冲状，线条流利。

（6）玉熊：尖首圆眼、双耳后抿，颈部刻划数道短弧阴线以示鬣鬃，后肢微曲做逍遥漫游状，体态肥硕，笨拙可爱。

（7）玉牛：卧伏状，以简练娴熟的手法表现出牛圆鼓的眼、短粗的角及耳、鼻、嘴等，形态逼真，写实性极强。

（8）玉猪：汉墓中常有发现，随时期的不同，其形态也略有变化。但大多呈卧姿，雕琢简练。

4. 玉座屏

玉座屏是1969年出土于河北定县北陵头东汉中山穆王刘畅墓，由两侧的支架和中间上下两层4件透雕玉片组成，中间两件玉片的榫部分别插入两侧支架的卯孔。

5. 玉人

汉代的玉人一般呈坐姿，正襟危坐，神态安详自然，凭几而坐，比例协调，是高水平的写实作品。

玉座屏

6. 玉玺、玉印

秦代以前，印章是用金、玉、银、铜制成，称"方寸玺"，人人皆可佩带。秦以后，只有皇帝的印章独称玺，专以玉制成。玉印章造型的不同，体现了拥有者的身份和社会地位。

秦始皇统一六国后，令良工用蓝田山美玉制成玉玺，玺钮雕如龙鱼凤鸟之状。丞相李斯以大篆书写"受命于天，既寿永昌"八字，刻于玺上，称为"传国玺"。从此"传国玺"开始了它富有传奇色彩的经历。相传秦始皇巡游至洞庭湖，风浪大作，乘舟将覆，急投玉玺于湖中，于是湖面风平浪静。8年后，秦始皇出行至华阴，有人忽拦于道中，对始皇随从说："请将此玺还给祖龙（秦始皇的代称）。"言毕便不见踪影，"传国玺"复归于秦。当然，这只是神话传说，不足为凭。

第四节
繁荣昌盛——隋唐五代玉器

经过秦汉的不断发展，到了隋唐五代时期我国的封建社会逐渐繁荣昌盛，以至于唐代的时候达到了封建社会的鼎盛阶段。当时的玉器也得到了很好的发展。最重要的是隋唐五代玉器浓厚的生活气息和活力在中国古代玉器发展史上留下了辉煌的一页。

隋唐五代时期玉器概述

隋唐时期是中国封建社会空前强大繁荣的时期，社会开放，社会文化面貌自信乐观，这也都体现在玉器上。唐代玉器彻底走出了汉玉的影子形成了自己的特色。造型上，实用的杯、盏等器皿和花鸟形佩饰大量生产，很多还直接借鉴其他文化器物的造型纹饰，装饰手法上常采用入刀较宽的斜阴线刻划达到浅浮雕的艺术效果。纹样则常见以写实的花鸟为基础，再加以图案化的抽象，使玉器富有活力，充满浓郁的生活气息，同时，佛教的流行也对唐代玉器的造型、纹样产生了很大的影响。唐中期的八瓣花形玉杯和兽首玛瑙杯是唐代玉器的代表。唐代玉器浓厚的生活气息和活力在中国古代玉器发展史上留下了浓墨重彩的一笔。

隋唐玉器

1. 玉组佩

隋代的玉组佩，是当时贵族身份的一种象征物，形式与魏晋南北朝时期基本一致，主要由云头形玉佩、璧形佩、玉璜及一些管、珠类装饰物组成。最典型的是云头形佩。

云头形佩在南北朝时已经出现，至隋代，其形制略有不同。有的造型与南北朝之佩相似，呈扁平长方体，底边略弧，左右两侧为斜边，上端正中为三个连弧状云头，中间有一穿孔，通体光素无纹，长14.5厘米，高5.2厘米，厚0.5厘米；有的则舍去云头装饰，琢成扁平的梯形，或将云头加大，沿弧线分别碾磨出浑圆的大朵云头；还有的不加任何修饰，仅切割琢制成扁平的半圆形，底边平直，钻有三孔，正中上端一孔。这种玉佩在隋代不仅仅是单纯的装饰品，而且均应属于玉组佩的构件，是与礼制即等级尊卑相联系的玉器。

璧形佩

2. 璧形佩

隋朝的礼仪用璧。1988年王士良墓出土的一件璧形佩，直径6.9厘米，孔径2.8厘米，厚0.5厘米。玉色青黄，质地温润，加工规整，素面无纹。其形制与商周玉璧相似，只是在璧面上钻有4个对称的小孔，说明这件器物的用途，应该属于玉组佩上的构件，或许它正是《隋书·礼仪制》所说的"小绶间施二玉环"的玉环之器。

3. 玉璜

隋朝的玉璜已经风光不再，没有了以往的卓姿风韵，大多光素无纹，两端各钻一孔。形制虽与商周玉璜基本相同，但在玉组佩中的位置却大不一样。如王士良墓出土的两件玉璜，即是他本人所佩玉组佩之玉珩下方系挂之物。这种礼仪组佩形制，一直沿用至唐代初期。

知识链接

上海玉器市场

上海是中国现代玉器的重要产地，是南玉的代表之一。早在19世纪初叶，上海成为中国对外的重要通商口岸，苏州、扬州一带的玉器制品逐渐通过上海口岸向外输出，因此玉器业在上海有了新的发展，上海玉器市场的繁荣使得苏、扬两地的制玉艺人大量流入上海。19世纪末至20世纪初，上海玉器作坊、店铺达二百多家，有两千多从业人员，产品有佛像、仕女、炉、瓶等，流入上海的艺人分为"苏""扬"两派，各自因袭了本地区的传统技艺。上海玉器业中，主要是为洋人需求服务的，被称为"洋装派"，扬州迁入的艺人多属"洋装派"；苏州艺人专做首饰、花饰，被称为"本装派"；另一支以仿青铜器皿造型及秦汉以来的古玉为主的谓之"古董派"。自20世纪初至30年代，上海玉器摆件作品甚多且有较高的艺术水平，翡翠《珍珠塔》曾获巴拿马博览会奖，翡翠《大宝塔》等作品曾在国内外展览中引起轰动。从20世纪50年代起，由于重视人才的培养和琢玉装备的改进，上海玉器业发展迅速，至20世纪80年代末，上海玉雕业从业人员近千人，上海玉器大师们创作了许多在国内外颇有影响的作品，珊瑚《释迦牟尼降生图》荣获中国工艺美术品百花奖金杯奖，墨玉《调色器》被评为中国工艺美术品百花奖银杯奖，碧玉《周仲驹舞》、青玉《兽面执壶》被中国工艺美术馆收藏。上海现代玉器的品种主要有器皿、人物、鸟兽、花卉、首饰等，尤以器皿和鸟兽作品最佳，器皿造型多仿青铜器，或借鉴青铜器造型进行再创造，尤以独角兽、瑞炉、天鹅瓶等作品最具特色。上海玉器造型挺秀，形成了玲珑剔透、俊俏飘逸的"海派"艺术风格。

4. 玉钗

玉钗是隋唐以后妇女头上常见的饰物。形制为双股扁圆柱体，上端近方形略宽厚，下连二叉，底端出尖。玉质细润洁白，琢磨精致，一般大小、长短不定，是隋代新出现的玉器装饰品。

5. 嵌宝石项链、手镯

李静训墓出土的嵌宝石项链和手镯，项链周径43厘米，重量91.25克。整体由28个镶嵌有珍珠的金球组成，同时胸前部分另有青金石、猫眼石以及金器作装饰。颈后系扣处，也镶嵌有阴刻鹿纹的青金石。结构复杂，工艺精湛，是隋代发现的最华美珍贵的装饰物。

手镯呈椭圆形，共分四节。每节两端较宽，上嵌珍珠、宝石。开口处设一钮饰，一端为花瓣形扣环，并嵌松石小珠，另一端则为一钩。在钩与环的另一端均为活轴，可自由开合，设计十分巧妙。

6. 指环、玉兽佩

指环出土时为圆形，直径2.2厘米，厚0.4厘米，玉色洁白，质地细润，外缘弧形，内壁平直，剖面近似半圆形，光素无纹，出土时正好戴在墓主人李静训的手指上。而玉兽佩饰出土时则位于死者胸骨下，原可能是用丝绶穿之，系佩于颈部的装饰品。玉兽尖嘴、大耳、短尾，四肢伏卧，似虎之形。兽的腹部有一横穿，以供佩戴。

7. 玉步摇

玉步摇是一种玉片头饰，极薄，上有镂雕精细的花鸟纹饰。装饰品中较为多见。白居易在《霓裳羽衣舞歌》中有"虹裳霞帔步摇冠，钿璎累累佩珊珊"的诗句。

8. 玉带

一条完整的玉带应由带扣、带銙、铊尾和扣眼四部分组成。带銙是带上的玉饰片，又称带板，为唐代玉器中较为常见的一类。带銙的多少在唐代是

玉带部分构件

一种等级高低的象征。《新唐书·车服志》载："以紫为三品之服，金玉带銙十三；绯为四品之服，金带銙十一；浅绯为五品之服，金带銙十；深绿为六品之服，浅绿为七品之服，皆银带銙九；深青为八品之服，浅青为九品之服，皆鍮石带銙八；黄为流外官及庶人之服，铜铁带銙七。"

带銙平面多呈正方形和长方形，或为近圆形，形体较厚，少有素面，多浅浮雕出人物、花鸟、动物形象，其中人物形象颇为特殊，多为胡人奏乐形象。动物形象各种不同，或立或卧，极为丰富。其雕琢均采用压地隐起的方法，先在图案边缘饰以细密的短阴线纹，然后向内缓缓凹下，人物或动物形象在中部隐起而不见有加工的痕迹，然后再运用较粗的阴线勾勒出细部特征。

9. 玉佩

隋唐时期，原始意义上的玉佩已消失，此时多为小型装饰玉件，种类和数量较多，一般形体较小，多为片状，或有圆雕小件；纹饰多为动植物、神兽、几何纹等，雕琢精美。

10. 玉坠

玉坠多用体积较小的籽玉圆雕而成，体积较小，形式简练，雕琢精美，是唐代流行的佩戴玉饰，多以人物、动物、瓜果等为题材。

11. 玉人

隋唐时期的玉人男女均有，大小不一，有仕女、武士、胡人等形象，一般为伎乐人，多持乐器；胡人大多头大而方，高鼻，裤、袖皆细瘦，其上有阴刻的弧线表示衣褶。琢制工艺有粗有精，多白玉质。

12. 玉杯

玉杯品种较多，一般体形较矮，碗口外侈，多呈圆形、葵瓣形、圆角长方形和多边形等，器壁较薄，下承圈足，简洁素雅。杯壁多刻画花鸟、人物等纹饰。亦有金镶玉工艺。

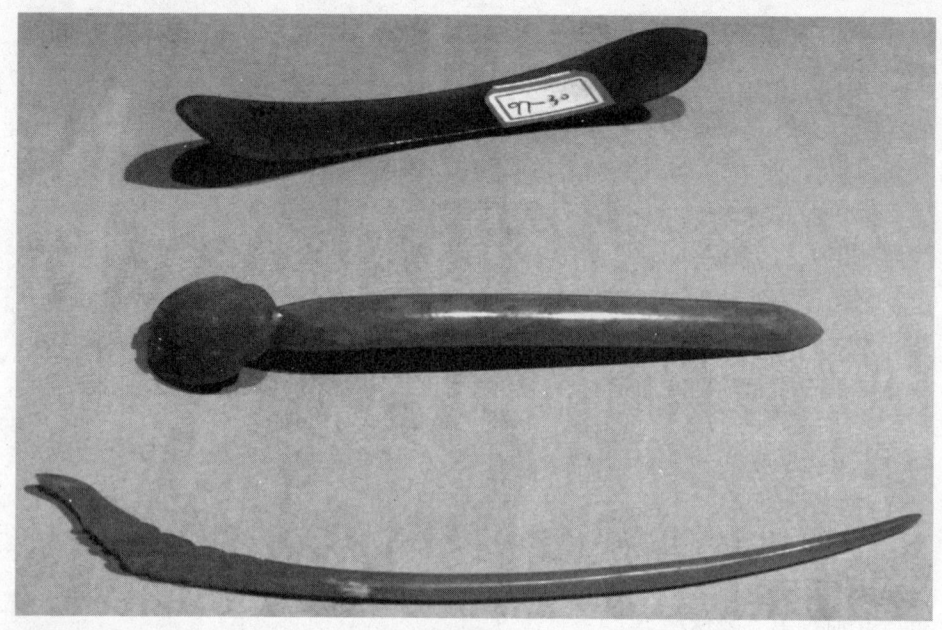

玉簪

13. 玉簪

玉簪又名笄，纹饰主要在簪花部位，形式以片状镂雕图案为主，品种比较多，有由整块玉雕琢的独立玉簪，也有由金银杆镶嵌玉簪头的形式，以片状镂雕花卉图案最多，图案精美，刻纹极细，题材有荷花、菊花、十字花科等植物，鸟类以孔雀、凤凰图案为最多。

14. 白玉梳

白玉梳的制作极为精美，传世品较多。唐代妇女有把梳子插在头上以作装饰的习惯，所以玉梳兼有装饰和实用功能。梳背可嵌于银梳或木梳之上使用。所用玉片极薄，形状大体一致，脊为弧形，梳背两侧镂雕以图案，所饰纹饰常见为卷草纹、云纹等。

五代十国玉器欣赏

1. 玉带

五代时期的玉带及玉带铐，以四川前蜀王建墓出土为代表。玉带上所嵌饰的玉铐共计8块，玉质洁白，其中铊尾最大，长19.6厘米，宽8.2厘米，厚1.1厘米。器面以浅浮雕的手法饰盘龙纹，龙首高昂，张口露齿，二目圆睁，炯炯有神；身上饰有菱形的鳞片纹，同时根据玉版的材料做挺胸升腾状；四肢及龙爪刚劲有力，一条长尾颇有力量地缠绕在后腿，发毛飞翼随势向后飘拂，整个画面极具生机、活泼、流动之感。

2. 玉簪花

一般来说，器体均呈片状，极薄。花形饰的正面多为一朵盛开的鲜花，工艺精细，线条干净利落。有的器体背面光素，似为嵌缀物。有的簪花两面纹饰相同，其中鸳鸯禽鸟及花叶布满画面，自然恬静，极富生活气息。装饰线条较短且细密，刀工犀利，基本反映了五代时期南方玉的工艺风貌。

玉簪花

3. 玉花饰

五代时期的小型的花饰也时有发现，有圆形、方形、三角形、菱花形等，每件均钻有对称的小孔，器面阴刻蝴蝶、花枝等图案。吴越国马王后墓出土的玉花饰，具有较高的工艺水平。其中白玉牡丹花饰片，长7.2厘米，宽4.5厘米，厚1.5厘米，整体设计了一朵呈剖面状的牡丹花，花蕊饱满，花瓣肥大，同时每瓣花叶之表面，皆刻划着纤细、密集、流畅的阴刻线，给人一种南方文化特有的温柔、细腻之感。而蝴蝶纹玉花饰,应是这一时期的新品种。从人们熟悉的梁山伯与祝英台的爱情故事中,我们不难看出,蝴蝶也是古人对男女爱情的一种隐喻。自唐以后,蝴蝶造型的玉器作品日渐增多,表达了人们对美好爱情生活的追求和向往。马王后墓出土的蝴蝶饰片,器体扁平,造型为蝴蝶展翅飞舞状,长6.6厘米,宽4厘米,厚1.5厘米,仔细观察那粗壮的长须,花叶般的翅羽,均是作者在写实的基础上,采用了夸张、美化的艺术表现手法完成的,从而使得这只蝴蝶更加漂亮、美丽。

4. 玉童子

这种造型仅在杭州雷峰塔地宫出土一件,通高8.6厘米,最宽处4.1厘米。玉童子采用新疆青白玉雕成,器形作扁平片状体,其头上斜插鎏金银钗,外套对襟半臂衣衫,腰部系带,以"米"字、网纹及斜线作衣纹,两手腕均刻画多圈状臂钏装饰,双手托于腰际,衣衫随风飘逸。身体左侧及脚下为如意状祥云,云头粗大向上卷,云尾与童子头顶平齐,细而长,外凸的朵状团云以带状云相连,中间弯折,透雕的祥云表面阴刻较长的直线及如意纹。童子站立于飘浮的云彩之上,做翩然起舞状,一副怡然自得、天真自信之态,造型栩栩如生。底座为玉板状须弥座,呈扁长方体,玉质比童子的用料稍差,长4.5厘米,宽3.8厘米,厚0.7厘米,重33.4克,中间有长1.5厘米、宽0.5厘米之长条状穿孔,须弥座的表面用浅浮雕与阴线刻相结合的手法表现海水波涛和须弥山,平面部分雕刻的海涛纹略微鼓突,呈现出较强的流动感,四个侧立面雕刻层峦叠嶂,以象征佛教所称的"九山八海",与雷峰塔塔基须弥座上雕刻的图案相同。

5. 玉观音

玉观音与玉童子同出土于雷峰塔地宫中,这两件玉质造像均被放置在铁质舍利函与地宫西南砖墙之间的空隙处,由于地宫早年遭水浸泡,位于玉造像下方的贴金木座已散架并漂浮他处,推测玉童子像和玉观音像原来均放置在贴金木质须弥座之上。玉钱和玉龟则摆放于铁函的底板下面,与数以千计的各式铜钱以及玛瑙坠、玛瑙珠、玛瑙云纹饰件、琉璃串饰、银臂钏、银钗等装饰品混杂一处，应是象征"七宝"的供养品。

玉观音较玉童子质地优良，为羊脂白玉，透明、温润无瑕疵，但形体较小。其面部、服饰、莲花座等细部均以阴刻线条刻划装饰。头上饰簪花，上身穿对襟衣衫，衣袖宽大，腰间系带，肩着披巾。左手托举一物，因形体太小难以分辨，右手置于胸前，结跏趺坐于仰置的莲花座上。由于莲花座的下端亦有一榫头，估计观音像的下面也应该有须弥座，可能是有机质的，已经朽烂不存。

6. 玉钱

2001年3月，杭州雷峰塔地宫出土一枚玉质"开元通宝"钱，圆廓方穿，直径2.5厘米，厚0.2厘米，正面阴刻"开元通宝"四字，字体为楷书，是仿唐代"开元通宝"铜钱制作的玉钱。但它并非用于流通，而是专门用来供奉的财宝。此外，雷峰塔地宫还发现了10余枚鎏金、鎏银的"开元通宝"铜钱，唐代法门寺地宫也发现有"开元通宝"玳瑁钱，而雷峰塔地宫出土的玉质"开元通宝"，目前仅此一枚，属国内首次发现，弥足珍贵。

总之，五代时期，一方面由于战乱不已，争权夺位，农业生产及手工业都受到了一定的影响，玉器制作数量较少；另一方面由于五代历史短暂，政治思想上基本没有建树，文化艺术领域基本没有创新，基本上沿袭了唐代的时代风格，玉器造型及花纹装饰等方面，基本与唐代晚期相似。有些作品，或许就是唐代的遗物。

玉观音

第五节
异彩纷呈——宋元玉器

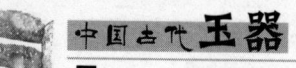

宋元时期，无论是经济贸易，还是文化交流都比隋唐五代繁荣昌盛，在这样的社会条件下玉器艺术也得以繁荣，更为突出的是民间用玉较前朝为盛。皇家、官僚及民间均收藏古玉，仿造古玉成风，出现了古玉、时作玉、伪古玉和仿古玉等，把我国古代玉器的发展推向了一个新的高潮。

宋、辽、夏、金、元时期，随着城市经济的繁荣，市民阶层的扩大，玉器日益走向世俗化。玉器以各种装饰玉和实用器物为主，受儒学等思想影响，器物纹样风格朴素、内敛。由于长期与北方少数民族政权的物质、文化交流，玉器中有不少带有浓厚的少数民族文化风格的器形，如春水玉、秋山玉等。北宋兴起的金石学也使好古、仿古之风盛行，玉器中有不少仿三代彝器和古玉造型的器形。一些人为牟取暴利，还对这类玉器实施染色、致残等作伪手段，开中国玉器发展史上伪古玉制作之先河。这一时期的制玉技术已相当高超，在吸收前代线刻、浮雕、圆雕技术的基础上，广泛运用镂雕手法，并充分结合管钻技术，对后代影响深远。

宋辽金元时期玉器概述

宋、辽、金互通贸易，经济、文化交往十分密切，玉器艺术也得以共同繁荣。宋代金石学兴起，工笔绘画大为发展，城市经济繁荣，促进了宋、辽、金玉器的空前发展。宋、辽、金玉器以实用装饰玉器占重要地位，玉器更加接近现实生活。宋代玉器构图复杂，多层次，形神兼备，有浓厚的绘画趣味，

第二章 世代相传——古代玉器发展

玉册

完成了由唐代工艺性、雕塑性向宋代玉器绘画性的转变。皇家用玉有玉束带、玉佩、玉辂、玉磬、玉圭、玉册。

民间用玉较前朝为盛，皇家、官僚及民间均收藏古玉，仿造古玉成风，出现了古玉、时作玉、伪古玉和仿古玉等。

宋代传世古玉较多，如"白玉云雁带环"，长7.7厘米，宽4.9厘米，重48克，长方形，下有一环。通体镂雕鸿雁云纹，长喙圆目，长颈展翅，在云中飞翔。身上羽毛用阴刻线浅雕，姿态优美流畅，背面六对鼻形穿孔，环上饰有云纹。造型新颖，极为精美。

宋代出土古玉很多，滋长了仿制古玉之风。仿制古玉可追溯到商周时期，唐代也有仿制同时代其他质地器形的玉器，但基本上是仿摹同代器形。大量仿制远古时代的玉器，始于宋代，因此，严格意义上的仿古玉应从宋代开始。

绘画性玉器始于宋代，到清代达到辉煌的顶峰，这是绘画艺术与雕塑完美的组合。在中国玉雕史上，花卉形玉器以宋代最为精美。如"玉环托花叶带饰"，直径6.5厘米，白玉制作，表面有褐色斑。圆形，多层次，下层为一圆环，上层镂雕花卉，中部两朵花交错，周围饰叶、花，叶上用深、浅两种阴线表现出花叶的筋、脉，图案简练紧凑。左侧近环处露一孔，以备穿带。这是典型的宋代花卉图案，主要特点为花叶简练紧密，花及叶数量不多，用大花、大叶填满空间，图案表面少起伏，叶脉以细长的阴线表现，在透雕的表现方法上注重图案的深浅变化而无明显的层次区分。

宋代实用玉器不仅比唐代品种多，数量也多。文房玉具已不再仅仅是文人把玩的玉件，而是供文人书写的实用玉具。

宋代玉器欣赏

1. 玉带

宋朝统治者虽然崇尚金带，但玉带仍然流行，同样也是佩戴者身份地位的标志，而且随着写实图案的增多，吉祥纹饰的大量使用，玉带的画面也日渐丰富。1956年，江西上饶南宋建炎四年（1130年）赵仲湮墓出土人物纹玉带銙9枚、计方筘7枚、桃形銙及铊尾各1枚，其中除桃形銙为素面外，余者饰人物纹。此时，器面上的人物纹已由唐代盛行的胡人形象变成了身穿宽袖长袍的汉人模样了，同时在衣纹细部的处理上，已不再使用唐代那种深具装饰性的短阴线，而是顺其自然，转折合理，刚劲与柔和兼而有之，明暗折叠，随之可见。

据出土墓志可知，赵仲湮系宋高宗叔祖，故该墓出土遗物较为丰富，计有玉带、银碗、铜器、水晶环、水晶串饰、水晶狮、水晶饰品、石狮、玉鱼、玉石璧等。特别是墓中出土的玉带表明，宋代玉带与唐代相比，形制与图纹均发生了很大的变化。同时，由于赵仲湮系明州观察使，因而这套玉带应是宋代高级官吏用玉制度的典型代表。

值得关注的是，同时期大量的传世带銙中，还有不少的植物花草、飞禽动物等图纹。如河北定州北宋静志塔基地宫发现的青玉云鸟纹铊尾，应是当地佛家弟子供养佛陀敬献的珍品宝物。此外，安徽南宋朱唏颜夫妇墓出土的8件带銙中，除一件饰有简单的几何纹外，其余皆光素无纹，体现了一种简朴尚古之风。

第二章 世代相传——古代玉器发展

宋代王侯龙纹玉带

除了朝廷官员在正式场合要穿公服、腰系玉带外，当时还流行一种类似蹀躞带的玉带饰。宋代沈括《梦溪笔谈》卷一曰："中国衣冠，自北齐……有蹀躞带，皆胡服也……带衣所垂蹀躞，盖欲以佩带弓箭、帉悦、算囊、刀砺之类。自后虽去蹀躞，而犹存其环。环所以衔蹀躞，如马之鞦根，即今之带銙也。"如故宫博物院收藏的宋代白玉龙纹带饰，器体为长方形，长9.1厘米，宽5.2厘米，厚1.8厘米。通体透雕海水云龙戏珠纹，周边琢有浑圆饱满的连珠装饰，龙体健壮，上唇较厚，发毛飘拂，浑身满饰密集的斜格纹，以示龙鳞，整个画面充满生机，工艺也颇为精细。其下端碾磨一半圆形环，背面则为长方形边框，两侧对穿长方形孔，供缀附于腰带之用。至于下端的环，一般可系日用物品。这种带饰，应是受辽金文化影响，在中原汉族地区开始流行的新品种。画面装饰主要有传统的云龙纹、花卉纹、蟠螭纹等。不过宋代的云龙和蟠螭纹，已开始向多样化发展，它们或升腾于云海之间，或穿插于仙花异草之中，身体扭动翻转，虽具神灵之气，但似乎与人们的生活关系更加密切，显示出一种以往少有的人情意趣。

知识链接

扬州玉器市场

　　扬州是我国著名的历史文化名城，也是中国古代和现代玉器的主要产区，历史上，扬州三度经济繁荣，百业兴盛。经当地考古发掘，在多处汉墓中出土了玉镯、玉耳环、玉瑗、玉璧、玉蝶等器物，其造型简练，纹饰生动，琢磨技术娴熟。隋代开凿运河，扬州成为南北交通要道和重要的商埠，为唐代扬州手工业的空前发展奠定了良好的基础。唐代的扬州国内外贸易及文化交流活跃，扬州玉器是唐王室的主要贡品，也是贵族豪门、大贾富商的陈设品、玩赏品。宋代，扬州玉器取得了新的发展，造型、纹饰讲究韵律、情调，作品风格秀丽、儒雅，显露文人气质，品种除陈设、佩饰外，仿古器物、文房用具及佛像、宝塔成为新颖门类。至明清，扬州玉师云集，大量承接宫廷玉器制作的扬州已成为全国琢玉中心之一，此时扬州的治玉技艺已经达到炉火纯青的高度。清代，宫廷难以完成的几件大型皇宫御用玉器作品，都由扬州担当制作。我国玉器史上的巨型山子——青玉《大禹治水图》、青玉《秋山行旅图》，就是扬州琢玉艺人的杰作。清道光以后，扬州琢玉业日渐衰落，玉工开始流入上海、香港。20世纪初期，扬州郊区12镇尚有琢玉艺人四百余人，扬州城内有玉作坊10户，大都制作佩饰、鼻烟壶、玉图章，且以仿古为主，扬州玉器已失去了昔日风采。20世纪50年代，扬州琢玉业开始复兴，20世纪70年代，恢复了失传近200年的山子雕技艺（山子雕是扬州别具特色的传统玉器品类）。20世纪70年代末至80年代初，扬州玉雕艺人创作的大型碧玉山子《聚珍图》和白玉山子《大千佛国图》均荣获中国工艺美术品百花奖的金杯奖，并被评为国家级珍品，白玉《宝塔炉》《五行塔》被中国工艺美术馆珍藏。由于地方政府重视对传统玉器产业的保护并推出了多项政策加以扶植，使扬州玉器优秀作品层出不穷，其中重达吨余的青玉山子《汉柏图》是90年代扬州玉器的主要代表作之一。扬州玉器保留了传统玉器圆润浑朴的风格，并以典雅、灵秀见长，无愧为中国现代玉器的优秀代表。

2. 璧、环

宋代璧、环类玉器数量较少，仅见的一些玉璧，有的光素无纹，有的则是为了满足当时人们的尚古之风及收藏古物的需求，特意琢制的仿古玉器。如上海市松江区西林塔出土的青玉双螭纹玉璧，直径7.1厘米，璧面去地、浅浮雕两只相互逗逐戏耍的螭纹。粗略观看，造型与汉螭较为相似，但仔细辨识，它们的形态已发生了很大变化：首先，脸部渐小，五官集中在下方，双耳直立如元宝状，身躯光润，背部一条阴刻脊线贯穿于尾端；其次，头后面的长角已被一缕飘拂的毛发替代，四肢短粗，做爬伏状。

四川省蓬安县西拱桥村宋墓出土的螭纹玉璧，直径为10.4厘米，一面琢饰三只环绕爬行的螭纹，一面为无秩序的勾连云纹，尽管璧之内外边缘较窄，近似战国玉作，但构图布局以及工艺技法，已无法与战国或汉代玉璧相比。特别是宋代玉璧螭纹的动态、力量、气势、神韵，较之汉螭相差甚远。可以说，宋代之螭，已失去了早期那种凶勇无敌的神气，此时它既不是神灵崇拜物，也不是威武将士的象征，更谈不上人们对它有什么敬畏和崇仰，而是完全变成了人们发怀古之幽情的一种吉祥物了。这种仿古图纹的玉璧，也成了人们追寻古风的一种文化载体。此外，还有汉代谷纹、蒲纹和勾连云纹的玉璧，其意义基本上也属于尚古和仿古。

3. 玉佩饰

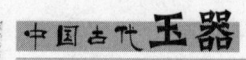

自唐以后，人们更加注重现实的人间生活，注意观察身边熟悉的自然环境。因而，山林景物、花鸟鱼虫逐渐进入了工艺绘画领域，同时，由于宋朝绘画业的繁荣和兴盛，玉器作品也更加呈现出一种追求意兴和情趣的艺术境地。

宋代花鸟形佩饰，造型常见凤鸟衔花或双鸟对舞、追逐状，并多与镂空的云朵、花草相互缠连。工艺手法追求形似、逼真的艺术效果。一般禽鸟多为圆点眼，少数作品也有圆圈和

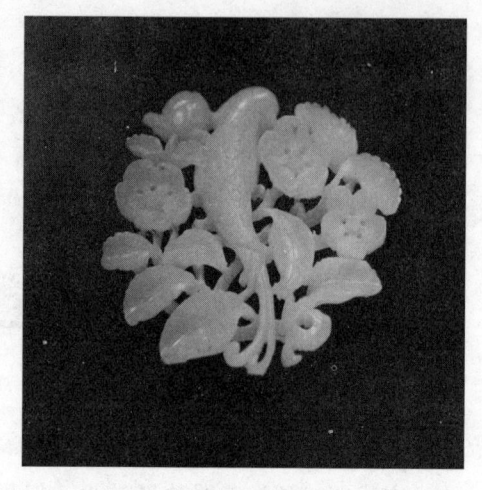

花鸟玉佩

三角形眼等，腹部轮廓边缘常排列一周短小细阴线，刀工刚直锋利，而伸展的双翅，除了饰有竖直的阴线外，还用一条横线分出羽毛的层次，整体造型简练生动，极富有生活情趣。如浙江杭州市宋墓出土的一对凤鸟玉佩，长6.7厘米，宽4.1厘米。造型优美舒展，凤鸟做展翅飞舞状，圆雕尖嘴，一条长尾呈"S"形卷曲，线条具有很强的动感，虽然通体少有装饰，但凤鸟回首口衔蜻蜓之态，令人有亲切自然感。它犹如一幅真实的自然画卷，生活气息扑面而来，体现了宋代玉工对生活、对自然万物，细致入微的观察能力和钟爱大自然的审美情趣。

4. 玉坠饰

玉坠是人们在服饰上垂挂的圆雕形饰物。一般体积较小，雕琢灵巧，题材内容十分广泛，可谓包罗万象，人物、动物、瓜果、瑞兽都被设计琢磨成器，供人们系挂、把玩、欣赏。有的还以形喻意，表示美好吉祥。由唐人元稹诗句"金埋无土色，玉坠无瓦声"来看，玉坠之名唐代已有，只是宋代玉坠品种丰富，数量渐多。

如故宫博物院收藏的白玉镂空竹枝盘龙坠，通高 7 厘米，整体透雕一龙穿行于竹丛之间。龙上唇较长，圆眼长眉，龙背部作底端，头与尾均向上挺起，上端分别有灵芝和竹枝相互缠绕，造型十分别致新颖。尽管宋代龙纹常与云海、花卉牡丹相伴，但与竹子的组合却极为罕见，至于一些瓜果形坠、蝉形坠和鱼形坠，更是自然生动。其中宋代玉鱼坠，存世资料较多，造型多呈仰首翘尾的屈体跳跃状。一般以圆点、圆圈为眼，鱼身光素，或饰斜格纹，有的还常与花草相互缠绕，呈现出一种顽皮活跃的气氛，分水鳍内大多饰有三四道挺拔有力的阴线，尾及背鳍的线条亦排列有序，一丝不乱，整体造型及神态十分生动。不过，也有的鱼形体态较为肥胖宽大，平直而无动感，但琢磨工艺却很精细。总之，宋代鱼形坠，不但真实自如，雕琢精细，而且还以"鱼"喻"余"，赋予了吉祥文化意义，成了人们十分喜爱并大量制作使用的佩饰物，此风一直影响至明清。

5. 玉童子

在大量出土和传世的宋代乃至以后的玉器中，有数量较多的作品是儿童与莲花合雕在一起的纹饰造型。作品通常描绘的皆是男童，尽管他们的发式、服装、姿态各不相同，如有的光头、身穿短衣，有的头扎双髻、只系肚兜，但他们与莲花紧密组合的形式却是一致的，而且大多造型为童子手持莲茎，将花扛于肩上，或卧、或立、或行，生动活泼，惹人喜爱。

众所周知，艺术作品是反映人们生活、表达思想感情的一种形式，宋代玉器中童子与莲花组合在一起的造型，目前我们一般均把它视作古人借用谐音而构成的吉祥图案，意即"连（莲）生贵子"。从我国目前所知的文物资料来看，儿童与莲花合雕在一起的造型是从南北朝以后才开始的。这就是说，这一题材的流行似与东汉以后传入我国的佛教有关。

宋代和田玉童子

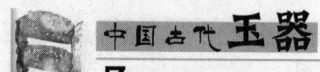

传说佛祖释迦牟尼出世后不用人扶，并有神龙为其洗浴，同时向东南西北各走七步，且每走一步，脚下便生出一朵大莲花。因此，佛教便与莲花结下了不解之缘，并被奉为圣洁之花。

　　1954年，河北曲阳修德寺出土的北齐石造像，其背光后面就雕刻有莲花与童子的图纹。到宋代，莲花与童子的组合更是深具吉祥的寓意，并广为流行。

　　宋代时期玉雕童子持莲饰，造型生动活泼，基本上与宋代绘画、泥塑中的儿童形象一样。其头部较大，后脑勺隆起，五官小巧集中，以阴线刻划的双眉纤细下斜，略呈八字形，而且眉宇间的距离较远，眼鼻口的轮廓似一阴线勾连，形成一种直鼻小口、天真稚气的神情，琢磨虽然简练，神态却尤为可爱。小儿手中所持荷茎弯曲盘绕着从双手肩背自然穿绕而过，顶端的荷花大多设在小儿头的上方或一侧，造型丰满，形象生动。如河北省民俗博物馆收藏的一件童子持莲玉饰，整体为一男童做轻盈的分脚行走状，头部略大，五官用阴线简单勾勒出轮廓，双手持莲，莲茎弯曲而上，莲花饰身体一侧，身着窄袖衣，短腿肥裤交脚而行，极富生活情趣。四川广汉南宋墓出土的双童子持莲玉饰，通高4厘米，那相互嬉戏玩耍的情态，更加真实地描绘了孩子们那种天真可爱的生活景象。

元代玉器欣赏

1. 玉带

　　元代玉带饰出土不多，仅在安徽安庆棋盘山元大德五年墓、江苏吴县元墓、苏州元末张士诚父母合葬墓等地发现了一些玉带饰。其中，张士诚父母合葬墓出土的一条玉带，位于男墓主人左侧臂部，保存较好。带上玉銙有桃形、长方形等，皆光素无纹，从整体来看，似无法穿束，当非实用之物，而是一种专用的礼仪用器。传世品中元代带饰却常有发现。

　　中原形制即汉文化的玉带銙，或方形，或长方形，均比较规矩，器面平整，边框较宽，或光素或在框内深挖出一道凹槽，边框内的图纹装饰多以去地浅浮雕加饰阴线的技法进行雕琢，图纹装饰除传统的龙、螭及花鸟、动物

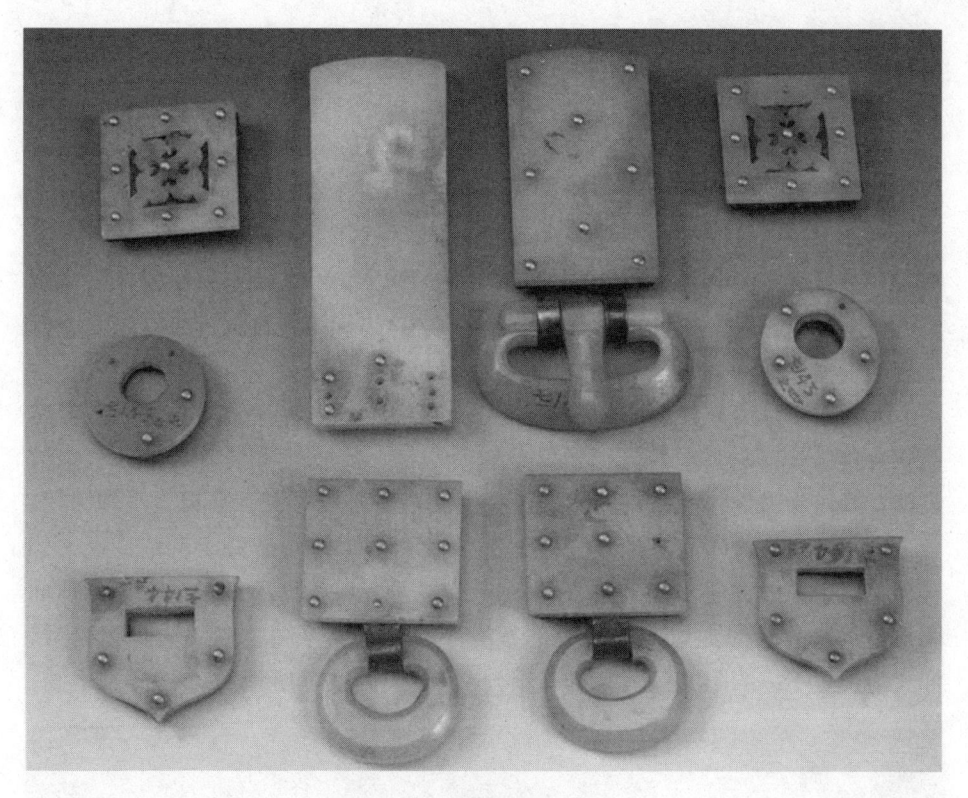

九环蹀躞玉带

等，还发现有琢饰蒙古族人物形象及历史故事题材的图纹。如江苏吴县元墓曾出土一件饰有文王访贤故事的金铐。传世品中，也常见身穿蒙古族服装的人物纹玉铐，图案中的人物有的逗狮子、有的牵骆驼，形象逼真，生活情趣颇浓。

北方民族区域惯用的蹀躞带，在元代依然十分盛行。这种带饰多在器物的底端设有一半圆形的提环，俗称提携，以便系挂随身常用之物。图面大多数为春水秋山之景致，还有的带饰造型多以一圆或椭圆环为底边，器面透雕有海东青捕攫天鹅、龙螭穿绕于花草云间、禽鸟飞翔游戏于荷花丛中等图纹。画面高凸、起伏较大，特别是各种动物气势生动，矫健凶勇。而花瓣花叶则斜磨深挖，常呈现出一种微风吹拂、翻卷摆动的形态。线条粗放，刀工刚劲有力，很有特色。

2. 玉押印

押是古代文书契约上签字或代替签字的符号。蒙古人主中原后，效仿汉族典章制度，其中具有权力地位官级象征的印玺当然也在仿制之列，但蒙古贵族多不识字，故以押记符号替代汉字，正如陶宗仪《辍耕录》卷二载："今蒙古、色目人之为官者，多不能执笔画押，例以象牙或以木刻而印之。宰辅及近侍官至一品者，得旨则用玉图书押字，非特赐不能用。"可见，这是元代独有的玉器品种。

元押印多呈扁方体，印纽常见有圆雕的龙、虎、狮等。其中龙纽多镂空成躬背爬伏状，龙头呈长方形，发毛向后飘拂，前肢处常见一缕带状火焰纹装饰；狮纽为蹲坐状，昂头挺胸，很有生气；虎纽较写实，圆头，小耳深挖，身上饰长条斑纹，印面多见阳文押记符号。1956年，安徽安庆市范文虎夫妇合葬墓出土一件虎纽玉押，边长3.5厘米，通高2.7厘米，玉呈青色，顶面圆雕一只伏卧状的虎纽，虎腹中部有一穿孔，以供系缚，底面为押记符号，押文为长短不一的阳文三勒（即横书）。该器应为文献所记的"特赐"之物。

玉押印

它的出土为研究元代押印制度提供了新资料，同时也表明了元代的汉人官员同蒙古、色目人官员一样亦使用玉押。另外，故宫博物院收藏的龙纽玉押，造型呈长方形，长5.8厘米，宽5厘米，通高4厘米，顶面镂雕一龙形纽，龙四肢伏卧，躬身，长发披向脑后，龙体各关节轮廓均以穿孔镂空手法雕琢，器表光润，孔内未加修整，底面遗有朱文图记，体现了元代玉器工艺的特殊风格。

3. 玉帽顶

元代玉器中，常见一种圆形的镂空器物，高低不等，大小不一，有人叫它炉顶（炉盖之纽），有人叫它帽顶（蒙古人帽子顶部的装饰）。一般底部平齐，有两三对隧孔，通体用一块玉料从外向内作纵向透雕，画面或龙螭盘绕云间，或禽鸟游戏于花草丛中，动物植物掩映穿插，缠绕交错，似一幅优美的自然景物的立体画面。制作工艺善用重刀，边线锋利挺拔，孔洞处多不加修整碾磨，具有一种不拘小节的粗犷风格。

后来，有专家根据明沈德符《万历野获编》："近又珍玉帽顶，其大有至三寸，高有至四寸，价比三十年前加十倍，以其可作鼎彝盖上嵌饰也。问之，皆曰此宋制，又有云宋人尚未辨此，必唐物也，竟不晓此乃故元物。元时，除朝会后，王公贵人俱戴大帽，视其顶之花样为等威，尝见有九龙而一龙正面者，则元主所自御也。当时俱西域国手所作，致贵者值数千金。本朝还我中华，此物斥不用。无奈为估客所昂，一时竞珍之，且不知典故，故云宋物，其耳食者从而和之"的记载，认为此说语词具体确切，毋庸解释堪称信史，完全可靠，由此始知元人尚有玉帽顶之设。同时从元代壁画和元成宗、仁宗的肖像画中也可找出相似的资料。但也有学者不同意这一观点，认为这种造型的玉器还是应该名之炉顶，用途就是香炉盖顶的把手。因此，这件器物的名称，还有待考证。

4. 璧、环玉佩

璧环类玉器，是中国传统的玉器造型之一，虽然历代造型变化不大，但图面纹饰却各有特色。元代的璧环类玉佩，器面上的几何纹装饰较稀疏，去地隐起的谷纹，颗粒较大而饱满，龙螭纹多做浮雕状，常常是两螭均匀对称地分布于器面，体态扭曲，肩臀部位略高，其额头较宽，五官集中于头部下方，背脊饰一条阴线，有的还在阴线两侧饰数对（组）短小细线，而在小腿处也带有密集的小阴线以示腿毛，碾磨细致，光泽柔润。此外，也有一些镂空花鸟等图纹的玉璧，工艺也很精美。

5. 龙凤佩

元代的龙、凤鸟、花草纹佩饰，多随形而制，并以镂空见长，其风格粗犷豪放，不求细节。龙纹的体态，大多呈小头、细颈，四肢三爪矫健有力，吻较前长且卷曲，犹如象鼻，发毛也变得长而稀疏，随势向后飘拂。在感觉上它是野而不驯，具有无比的神力。如常见的元代玉璧及玉佩饰上，龙的造型升腾翻飞，粗放而洒脱，尽管身躯不像唐宋龙那样粗壮，然而其神、其形，仍蕴藏着一种力量和威严。

凤鸟纹则是以花草为陪衬，它们精神飞扬，展翅翘尾，轮廓线条飘拂流畅，整体姿态扭动旋转，器物画面充满了一种欢呼雀跃、昂扬向上的心态和情感，在某种程度上，似有大唐帝国之遗风。

龙凤佩

6. 玉坠饰

元代的玉坠饰多以玉人童子、象生动物和瑞兽为主。玉人多蒙古族人物和儿童造型，一般面部先勾画出五官的轮廓，然后再具体刻画。眼多呈梭形，鼻头较宽，身上衣纹线条较粗且深，很有力度。器物表面琢磨光润，镂空处欠缺修整，故显得有些粗糙。如西安北郊出土的双童子游戏坠，钱裕墓出土的玛瑙童子，上海西林塔出土的持莲童子等，造型生动，碾磨却不够精细；安徽安庆范文虎墓出土的心形玉坠，虽然光素无纹，但碾磨抛光效果极佳。

象生动物多仿唐代之造型，躯体丰满圆润，往往给人一种肥壮的感觉。特别是一些常见的家畜，如羊、狗、马等，写实性较强，往往整体碾磨细润，但抛光不足。有些作品玉料较差，常出现一些杂色。其中鱼的造型，较宋变化较大，多体态肥胖，略呈扁圆形，大头厚唇，眼睛微凸，鳃部常见一条曲线装饰，鱼身则刻划有刚劲有力而细密的斜格纹，尾部宽大，多作圆弧形，并饰有阴线或长条锯齿纹。整体造型似有一种力量和勇悍感。

瑞兽多以辟邪、狮子为形。辟邪一般为独角兽，其肩生双翅，前肢合抱于胸前，后腿曲卧，头部微昂平视，粗眉大眼，同时眉骨较高，有压眼之感，显得凶猛有力。此外，也有管钻眼和菱形眼等，口紧闭或微张，牙齿常以钻孔来表示。胸部隆起，身体浑圆，似模仿唐代动物之肥壮形式。双翼多呈宽带飘拂状，还有的双翼跃出背脊向上作弧圆形卷曲，四肢小腿用斜刀区分，显示出一种足爪较大，关节处较细瘦的现象。一般四足多拳握，精细者，刻出锋利而弯曲的爪趾，造型洗练，风格粗犷。元代的玉雕狮子同当时的石狮子相似。造型多做蹲坐状，其昂首挺胸，前肢直立，后肢曲坐。躯体少有装饰，仅头部刻画较为细致，常常是宽眉大眼，张口露齿，虽为坐姿，但精神抖擞、勇气十足。头后的发卷松散而随意，显得十分自然而且可爱。

7. 玉杯

玉杯的形制不尽相同，有花瓣形、圆形、桃形、多棱形等。耳柄多为圆环或龙首，而常见的花形杯、桃形杯，则多以弯曲缠绕的枝叶为柄。杯体表面装饰也很丰富，不仅有云龙、花鸟，而且还有人物纹，造型、线条准确流畅，具有元代粗放的工艺风格。至于故宫博物院收藏的青玉龙首杯、青玉火焰宝珠杯等，均为元代玉杯的代表作品。

8. 带钩、带环

元代的带钩，钩首多为龙头，扁平而且较长，阔眉压目，闭口平唇，双角凸起，弯于头后，同时还在颈背部阴刻一缕发毛；钩面腹部鼓凸，光素或浮雕一只紧贴于器表的小螭。蟠螭头部微昂，发毛较长，颈部下凹，有一种缩颈耸肩的感觉；背部用阴线或两侧附加短阴线的装饰表示脊骨，整个造型有一种奋力向上的动感。钩纽有圆形、方形、桥形、转花形等，一般形体较大，显得比较厚重。另外，有的带钩还与精美的带（縧）环相扣合，更显华贵精美。

带环又称縧环，是与带钩相互配套使用的附属器物。一般来说，早期带钩注重实用，钩头多与革带另一端的孔洞相扣合，也有的是用

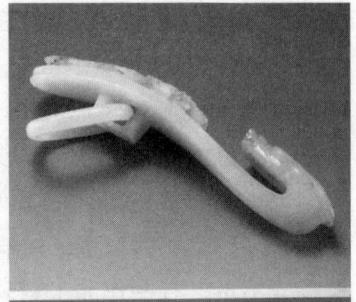

元代龙首玉带钩

丝带与钩首套系而成。随后人们为了美化或是更加讲究，于是不但在腰带一端系缚有别致的带钩，而且在另一端也配上了精美的带环。从而使带环和带钩互为一体，既增加了实用功能，又增强了装饰效果。从文献记载和出土资料来看，带环最晚在战国就已经出现，不过当时的带环多为光素的或琢有简单纹饰的圆环，甚至有的是作为佩饰与带钩进行系挂用的。

汉代之后，这种带钩与玉环相扣衔的形式，依然流行。如山西大同元代冯道真墓中死者腰间就系有丝带一条，并由铜带钩、玉环、丝带三部分组成，出土时位于死者腰部。另外元人画虞集肖像图上的腰带式样，也是由带钩、带环扣系而成。

故宫博物院收藏的青玉龙纹双耳活环樽，工艺较为繁复。器高22.9厘米，两侧琢饰兽首衔环耳，颈饰"工"字纹饰，去地隐起云龙纹，腹部饰弦纹、十字纹、云雷纹等，古意盎然，应是继宋之后汉族文人推崇的仿古玉器

第二章 世代相传——古代玉器发展

作品。该器中的云龙纹，其形式与雕琢手法与元大都出土的汉白玉栏板龙纹相似，时代特征极为鲜明，堪称元代陈设玉器的珍品。

知识链接

镇平玉器市场

　　镇平处于中国"四大名玉"之一的独山玉生产基地，玉雕加工业历史久远。根据出土文物考证，镇平玉器的生产在新石器时代已经出现，距离今天已经有四千多年的历史，宋代开始逐渐具有一定的规模，明、清已经成为本县的一大产业，而且有出口业务。新中国成立后，尤其是改革开放之后，镇平县政府非常支持鼓励玉雕产业的发展，更是制订了许多激励玉雕产业发展的优惠政策，并前后举办了很多届"中国镇平国际玉雕节"。

　　1995年镇平被国家称赞为"中国玉雕之乡"。镇平的玉雕工艺大师精心设计制作的翠玉《九龙花薰》更是被当作国宝，如今陈列于人民大会堂，独山玉《鹿鹤共春》被中国美术馆细心收藏。

　　聊起镇平玉器，就一定要提到石佛寺。石佛寺是镇平玉雕业的集中之所，也是我国规模最大的玉雕镇，全镇共有22个自然村，玉雕专业村竟然高达14个，从事产供销的人员有1.8万多人，其中专业技术人员就有8000多人，年产销玉雕各类工艺品高达1300多万件。石佛寺玉雕产品从传统的人物、炉薰、花卉、鸟兽四大类型百余件，发展到首饰、保健、山水、茶具、酒具等10大类将近上千种，其中摆件类占领全国销售量的70%以上的市场，挂件类占据全国产销量的40%以上的市场。这些产品不仅拥有中低档的大路货，还有巧夺天工价值无数的艺术精品，国家级的稀有玉器独山玉雕《万里长城》陈列在北京人民大会堂河南厅，翡翠雕《牧童》在建国50周年北京精品艺术展出现过，还有160多种精雕细琢的作品被评为省部级名优产品，荣获原轻工部美术百花奖。

第六节
富丽豪华——明清玉器

明清时期各个阶层的赏玉之风盛行，玉器生产发展很快，琢玉工艺也日趋完善，并把中国古代玉器推向新的高峰。此时的制玉技术继承了数千年来传统的工艺和风格，集历代之精华，创造出的玉器作品精益求精，玉质之美，琢工之精，器型之丰，设计之妙，玉器种类更是空前丰富。

明朝时期玉器概述

由于明代经济的高度繁荣，政治上对各种工匠艺人施行统一管理，加上皇室的重视及民间赏玉之风盛行，玉器生产发展很快，琢玉工艺也日趋完善，其种类、造型丰富多彩，雕琢精益求精，表现手法复杂多样，许多玉器集鉴赏、装饰、实用为一体，从而使明代玉器得到了长足的发展，把中国古代玉器推向新的高峰。

玉器工匠地位的相对改善是明代玉器发展的重要前提。从商周工匠的"百工"制度到元代的"匠户"制度，所有工匠始终单独编立户籍，由官府统一管理常年劳作，为上层统治者服务，且子孙世代从袭，不得擅离。社会地位低下，严重束缚和制约工匠艺人的创造热情和生产积极性，成为各行手工业生产发展的极大阻碍。直至明代，手工业工匠的身份和地位有了相应的提高，分为"轮班"、"住坐"和"存留"三类服役制度。"轮班"免除其他差役，3年内服役3个月；"住坐"为每月服役10天；"存留"则由地方官府

第二章 世代相传——古代玉器发展

统一管理，不必赴京就在某些地区服役。服役期以外时间，匠人可以自主经营，明代中期，朝廷又施行了以银代役"轮班"制。相对宽松的管理措施在一定程度上改善了工匠的待遇和地位，并使他们在服役期之外获得了一定的自主权，成为此期玉器发展的新动力，成就了前代所未有的元代玉器生产规模。

加工工艺的革新促使元代玉器总体产量不断上升，品种逐渐增多，涉及生活中的方方面面，也逐步走向平民，走向百姓。宋应星《天工开物》记载："凡玉初剖时，冶铁为圆盘，以盆水盛砂，足踏圆盘使转，添砂剖玉，遂忽划断……得镔铁刀者，则为利器也……"即由传统的席地而坐改端坐于凳，以双手操纵控制旋转的砣具，用双足踩动踏板带动皮带，再由皮带带动砣具来回旋转，从而琢玉成器。

呈规模加工集市的形成促进了玉器生产的繁荣。在明代，北京和苏州是玉器生产的重要产地，其中尤以苏州的专诸巷最为著名。专注巷名工荟萃、技艺超群，玉器风格典雅纤细，纹饰精镂细琢，造型新颖，刀法纤细娴熟，变化莫测。北京也是当时重要的玉器生产基地，玉器以古朴雅致而享有盛誉，

明代麒麟纹饰玉器

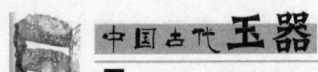

但其名工巧匠多来自苏州专诸巷，正如《天工开物》所载："良玉虽集京师，工巧则推苏郡。"绚丽多彩的苏州玉雕极大地促进了明代玉器的发展，为我国玉器走向鼎盛立下了不可磨灭的功绩。

明代玉器无论从考古发掘的出土器件还是传世品，在数量上都极为可观。在明代早期的墓葬有江苏南京汪兴祖墓、山东邹县鲁荒王朱檀墓、江西新建朱权墓等，中期的有江苏南京徐俌夫妇墓、上海浦东陆琛墓，晚期的有北京定陵明代万历皇帝朱翊钧墓、江西南城益宣王朱翊钶墓、江苏南京沐睿墓、上海宝山朱察卿墓，以及在益王朱祐槟墓、安徽凤阳汤和墓、北京市郊李伟墓、吴桢墓以及兰州上西园、南京中华门等地的明代墓葬出土物中，所出土玉器种类庞杂，主要有宫廷用玉，如带板、圭、璧、佩等；文房用品，如砚、印、笔架、镇纸等；日用器皿，如碗、杯、壶等；佩饰如带钩、簪、戒指等；还有仿古器如玉觚、玉爵、玉卣等和陈设玉寿星、观音罗汉、鹿、马、辟邪等。

明代玉器大多承袭前制，琢制风格紧随宋元，一般胎体较为厚重，多以日常人物、动植物、器物为题材，造型粗犷浑厚，但其镂雕技术非常成熟，而且运用极为广泛，其工艺能在片状玉料上雕出上下两层不同图案，被后代鉴赏家们誉为"花上压花"，并在立体器物的造型上将镂雕的工艺完美地表现出来。

明代玉器的纹饰题材多为有吉祥寓意的花卉、动物、吉祥图案和文人画，尤以龙、凤、鹿、麒麟等瑞兽和莲花、牡丹、灵芝、松、竹、梅最为多见。其琢制特点为主体部位琢磨讲究，力求平滑莹润，富有玻璃光泽，而次要部位却不甚讲究，处理潦草，俗称"麻地"。

明代玉器欣赏

1. 玉带

玉带作为明代舆服制度中重要的组成部分，受到皇室、贵族及上层官僚的极大关注。嘉靖皇帝曾诏示："冕服祀天地，若阙革带，非齐明盛服之意。"因此，从皇帝到文武官员，每逢朝奏庆典等重大活动，必穿袍佩玉带，从而

第二章 世代相传——古代玉器发展

使玉带的使用达到了顶峰，此时的玉带一周均镶有玉銙，是使用玉数量最多的时代。据载，皇帝的玉带除双铊尾外，有銙22枚。臣僚的玉带用銙18枚，连同铊尾共20枚。新中国成立后，在明代诸位亲王墓中出土的玉带也多符合此制。同时由于明朝贵族重视古制，并把玉带视为大官僚们显赫的装束和华贵的佩饰品，所以此时玉銙的数量式样及图纹装饰远胜以往。南京汪兴祖墓出土的金镶玉高浮雕龙纹玉銙，皆用羊脂白玉琢成；江西南城县明益庄王朱翊墓出土的龙纹玉銙，正面除饰海水云龙外，有的还加饰一展翅飞翔的小鸟；特别是明代中期之后，龙纹之身躯开始向细长发展，渐渐形成了明代龙纹的特殊风格；江西南城朱翊钶墓出土的透雕喜字和花卉的白玉銙，则更具有了幸福吉祥的美好寓意。

考古发掘中，明代玉带出土数量较多，其玉銙多作方形、圆形、长方形、长条形及桃形等，用料较薄，边框较窄。除光素者外，銙面多用浮雕或双层透雕之技法，装饰有纤细繁密而富于变化的云龙、麒麟、飞禽、走兽、花草人物及当时盛行的吉祥图案等。不过此时的龙纹，较之唐宋有了很大变化：首先是在气势上大为逊色，龙首相对夸大，不合逻辑的眼睛呆滞而无生气，一般两眼做圆圈形的垂直、斜向、横平状，如意云纹的大鼻向上翻卷着，而且在鼻的两侧出现了两条龙须，随势向上伸展。毛发大多向上或向前冲去，过分纤细，犹如带条状的身躯刻划着菱纹、斜方格纹，显得僵化不活跃，尾端开始出现了一些云纹装饰。龙爪呈球形，也有人称之为风车爪、火轮爪等，并琢成四爪或五爪。爪尖成钩状，虽刚劲，但总觉力度较为缺乏。其次，带上的龙纹还常以镂雕细密的花卉、云纹为底衬，显得有些缠绵之气。人物纹则多以神仙故事和婴戏纹为主，整个器面极富装饰效果。

根据明张自烈《正字通》"銙"字条，"明制：革带前合口处曰三台，左右排三圆桃。排方左右曰鱼尾（铊尾），有辅弼二小方。后七枚，前大小十三枚"的说法，明代

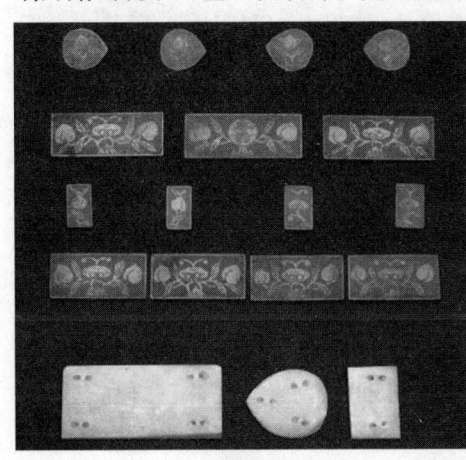

明代玉带

91

的玉带形制共由三台、圆桃、排方、铊尾和辅弼五部分组成。

三台是位于玉带前方正中的三件玉器，规范的形制是由一块长方形排方和左右两块长条形辅弼组成，但明早期时不尽统一。如汪兴祖墓的三台不甚明确，朱檀墓的三台是由一块亚字形与两块半月形的铐组成。至中期以后，才逐渐成为定制。

圆桃是位于三台两侧的桃形玉铐，一边3块，共计6块。这是明中期以后，完整的玉带必备的数量和造型。

排方是指玉带后半部分嵌缀的7块长方形或方形或扁长方形的玉铐。一般每条玉带的排方之造型、尺寸、花纹基本相同。

明代完整的玉带有两块铊尾，分置于腰带的左右两侧，均呈长方形，一端平直，一端略弧。

位于铊尾与桃形玉铐中间的两块长条形玉器称辅弼，它同三台中的两件长条玉器相同，是玉带中器体最小的玉筠。

由此可见，明代的玉带，在唐宋形式的基础上，有了较大的发展和变化。其数量之多，超过历代，成为明代大官僚的标志和等级财富的象征。迄今所见使用玉带身份最高者为万历皇帝，仅定陵出土玉带就有12条，可谓明代玉带的代表。此外分封各地的藩王、建功受封的公侯以及嫔妃、诰命夫人等墓葬，也均有玉带出土。有的墓主人随葬玉带甚至不止一条，或系于腰部，或置放于棺的一侧。尤为引人注目的是，明代玉带除了大量装饰有花纹的玉带外，还发现了数量相当可观的素面玉带。正如《明史·舆服志》所载"一品玉，或花或素"，这或许说明了，明代玉带主要是以质地作为区别官员身份的标志，而不是以玉带的花纹来辨别高低。这一现象，充分反映了明代统治者追寻古风中"首德次符"的玉器文化观念及其思想理念。

2. 玉圭

明代统治者大力恢复汉族礼制，一度消沉的玉圭又重新登上了明代的政治舞台。此时的玉圭，仍沿旧制，上端做尖状，底端及两侧平直；器体薄厚均匀，边角规整，琢磨光滑，光泽度较强；圭面或光素，或琢有排列有序的乳钉纹，也有的刻画出北斗星座、四山纹或弦纹等。如江西南城明益端王墓，在彭氏头部左侧出土一件玉圭，长15.2厘米，两面琢刻五行圆鼓钉状的谷

第二章 世代相传——古代玉器发展

纹。益宣王朱翊钶墓，在二妃的棺中也各出土谷纹圭1件；山东鲁荒王朱檀墓也出土玉圭2件；出土最多的当属明定陵万历帝的墓中，共出土玉圭8件，有2件是装入织锦袋，置于描金皮箱内，放在万历帝的头顶上的。其中一件圭长27.3厘米，宽6厘米，厚1厘米，上面刻四山纹（四山即四镇名山，以取安定四方的意思），这可能是明人根据文献记载，刻意仿制古代礼仪器而制作的镇圭。另一件长26.6厘米，圭面上雕琢有双植纹。另外6件玉圭，除一件放在万历帝

明代玉圭

的梓宫内，剩余全放在箱子里，圭面饰谷纹，尺寸也比较短。

明代用圭制度，目的在于对古礼的复归，也就是说，明代统治者是根据古文献中所载的某些礼仪玉器，进行制作并为己所用。因此，用以代表皇家身份地位的玉圭得以流行，出土数量明显增加。

3. 玉组佩

明代的玉组佩不见了早期那种以璧、璜为主的组合形式，而是多以扁平三角形或椭圆云头形饰和花瓣、柳叶、蝉、鸳鸯、鱼及玉珠连缀而成。器体薄巧，表面纹饰简练，多以阴线刻划或描金的手法饰花卉、卷云、龙凤纹等。这种玉组佩在明代又名玉禁步。

目前见于考古出土的玉组佩，主要有明定陵的描金龙纹佩、白玉宝石花佩，江西明益宣王墓出土的旧玉蒲纹佩，山东朱檀墓出土的青玉金龙纹佩等。观其玉组佩形制，大多仿古之制。顶部有钩，其下分别为珩、璜、冲牙、玉佩，并以玉珠相穿连。朱檀墓出土的两件组佩，分别系挂于死者腰部的两侧带上。益宣王墓出土的组佩，根据玉片的图纹分析，很可能是由汉璧改制而成。江西宁靖王夫人吴氏墓出土的玉组佩，通长84.2厘米，以青绿色玉料为主，间以黄白等色玉珠。从上至下分别由各种形式的玉佩、璜、坠等组成，其表面饰有阴刻描金朵云纹或凤鸟纹。定陵出土的白玉宝石花佩，应为万历

93

皇后礼服的玉禁步。每逢庆典，穿上盛装，将其系在腰部革带的两侧，使之时刻保持步履稳重，以示皇后的威严。由此可见，当时的上层人士对古玉古礼制的推崇和厚爱。

清朝时期玉器概述

清代玉器制作也进入了一个新的鼎盛时期，此时的制玉技术继承了数千年来传统的工艺和风格，集历代之精华，创造出的玉器作品精益求精，玉质之美，琢工之精，器型之丰，设计之妙，作品之多，使用之广前所未有。清朝皇室爱玉成风，乾隆皇帝爱玉成癖，大力提携制玉业，千方百计收藏玉器皿，并从中汲取传统玉器之精髓，不断探索玉器新作品，使精美玉器的文化价值和审美价值得到提升。清代玉器达到中国玉器史上的巅峰。

清代玉器成就的最伟大之处，从巨雕中可以看出。一些巨型玉雕精品体

玉器青白玉镂空鱼穿荷花饰

第二章 世代相传——古代玉器发展

现出的宏伟气势与当时雄霸东方的大清帝国国势相谐。

清代的大型玉雕仙子，是以艺术形式将自然景物和动物真实地反映出来的立体雕塑品。一改传统玉雕单一的人物、动植物造型，将山川、瀑布、星海流云、落花流水、苍松碧竹、亭台楼阁、人物动物等有机结合，精心设计，反映出大自然风光的秀美，情趣幽雅。清代玉器题材广泛，还有很多表现老百姓生活的作品，另外还有反映神话传说中的场面的作品等，存世量很多。清代某些作品雕琢工程十分浩大，需要组织众多工匠设计制作，耗费几年甚至十余年时间才能完成。

仿古玉是清代非常著名的玉器品种。乾隆晚年，热衷于对古玉的收藏玩赏和鉴定，积极提倡研琢古玉，使清代的仿古玉继明代又有较大发展，宫廷内出现大量仿古玉器。在此风影响下，民间作坊也时时效仿。

清代仿古玉器有商周时期的礼器、兵器、工具等，也有战国及汉代的璧、璜、环、带钩、剑饰等。宫廷仿古玉器一般在质地上比较讲究，多选用优良玉质材料，都按照实物之形磨制，精雕细刻，一丝不苟，模仿的玉器真假难辨。为区别真假又不影响整个器物的完美风雅，偶尔在底部稍作处理，而器物上并无作假之处，也无人为伤残。还有的仿古玉在造型和图纹上稍加变通，既有古代浑厚稳重的庄严气氛，又不失变化后古玉器的艺术情趣，并且在仿古玉底部刻上大清乾隆仿古等字样。除此之外，仿古玉器的其他种类数量也很多，而且仿古效果极佳。

清代民间仿古玉的制作，目的并不是欣赏和爱好，而是为牟取暴利，以假充真。民间工匠和古玩商们千方百计苦思冥想，发明各种作伪方法，有的简直达到以假乱真的程度。

清代玉器做工严谨，各种玉器制作都要求方圆规矩，精细制作，一丝不苟。其造型优美，线条圆润，形体图纹没有急剧转折，更没有锐利的线角，将各种传统的和外来的玉雕、琢磨、抛光技术结合运用，每一件玉器都是精美之作。精指玉器材质、雕琢、抛光工艺之精，美指玉器质色、纹饰造型的艺术之美，代表了清代玉器制作的风格和时代的审美标准。

华夏文明推动着我国玉器业不断发展，8000多年来，经过历代拥有精湛技艺的能工巧匠的制作，经过历代统治者和鉴赏家纷纷使用赏玩，经过礼学家的诠释美化，成为人们生活中的精神寄托，它深深地融合在中国传统文化

95

礼俗之中，并占据重要位置，充当着特殊角色，成为中华民族的传世瑰宝。

总之，玉器作为中华民族的国粹之一，经过数千年的不断发展，从史前的古朴稚拙到秦汉的雄浑豪放，再发展到明清的玲珑剔透、博大精深，各个时期其文化内涵不同，构成8000多年璀璨夺目的中华玉文化。

清代玉器欣赏

1. 朝珠

清朝入主中原后，虽然声称沿袭明朝旧制，但其服饰却以满族为本，不仅废除了乌纱、汉族朝服和玉带，而且对朝廷用玉也作了相应的调整。当时，君臣官员们佩戴的朝珠即是帝后上朝、庆典和重大节日时穿朝服所必有的礼仪用器。朝珠每串皆由108粒圆珠穿系而成，上端有背云一个、佛头四个、佛头嘴一个，其间缀三颗节珠和三串计念（30粒），此外还有一些珠宝饰件作坠角。朝珠的质地主要有玉、翡翠、珊瑚、青金石、松石等，可谓是稀有宝物的集合体。据载，在清代西太后慈禧的墓葬中就有朝珠三挂，其中两挂是珍珠朝珠，另一挂则为红宝石朝珠。

2. 翎管

翎管是清代官员冠帽上插戴羽翎之用器。在清代，皇帝对官员给予奖励时，常以花翎为赏赐，一般花翎分为两种，即花翎和蓝翎。花翎为孔雀翎，蓝翎为鹖翎。在花翎之中又有单眼、双眼和三眼之分，一般六品以下官员赏给蓝翎，五品以上赏单眼花翎，而双眼花翎则是大官僚们才能得到的赏赐，三眼花翎为最高等级，是赏给亲王、郡王、贝子、贝勒等皇族以及立有特殊功勋大臣的。各种花翎都得装插在翎管中，佩戴于帽上。翎管则多

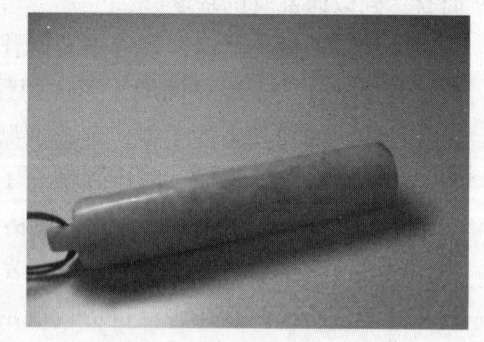

清代翎管

用珍贵的翡翠或白玉制作而成，造型为圆管形，顶端琢一榫头，并有一小圆穿，多光素无纹，但材质较好。

知识链接

新疆玉器市场

　　新疆维吾尔自治区的和田玉原料，主要产在且末县、若羌县、于田县、和田县及叶城县等地。和田玉原料以且末玉石矿开采最多，年产达100吨左右。这些玉石大部分以原料销往内地，主要是河南南阳地区镇平县，那里的大大小小的玉石加工厂或小作坊，所用的玉料基本上都是和田玉。本地加工的，不及年产量的10%，且多为白玉山料或仔料。今天的新疆，最红火的玉石市场是和田玉交易市场，在和田地区有一百多家玉器店，还有数千星罗棋布的玉器小摊点，在玉龙喀什河的总闸口建有一个较大的玉石集散市场，和田市内也有一个玉石大巴扎（集市），每逢双休日，人山人海，玉石生意非常火爆。

3. 顶子

　　顶子是清代官员帽子上面的一种珠宝装饰物，也是区别尊卑的重要标志物。在清代，按官员的地位级别的不同，各种服饰的佩戴也不尽相同，无论是顶戴、蟒袍、补服，还是腰带、坐褥等方面都有区别。官员的帽子按不同情况而分别有朝冠、服冠、凉帽、暖帽等。在帽子上按官员的级别不同又配以不同的宝石装饰，这种宝石装饰物都称为顶子。在服冠规定中，亲王、郡王、贝子、贝勒均用红宝石顶子，一品官员用珊瑚，二品官员用镂花珊瑚，三品官员用蓝宝石，四品官员用青金石，五品官员用水晶，六品官员用砗磲，七品官员用素金顶，八品、九品则用镂花金顶。

4. 玉磬

自夏以来，磬一直是中国历代王朝宫廷礼乐的组成部分，同时，它从早期那种简朴粗糙的形制，逐步发展演变成为造型规整、琢磨精细、装饰华丽，音律更加完整齐全，组合也更加宏伟的大型礼器。时至今日，它的气势和壮美依然震撼着我们的心灵。清代玉磬，一组为12个，组成12律，分别为黄钟、大吕、太簇、夹钟、姑洗、仲吕、蕤宾、林仲、夷则、南吕、无射、应钟。造型严谨规矩，器面上的云龙纹构图紧密，线条纤细。每逢朝会、祭祀、宴享、大典等活动，按礼制规定进行使用。另外，还有一种主要用于陈设的悬磬，器体较薄，已失去了打击发音的作用，磬面常刻有夔龙、禽鸟、云纹、瑞兽等图纹。

5. 玉璧

清代玉璧数量较丰，有作礼仪之用，也有作陈设之器者。因为满人虽然听从汉臣之议，遵循汉人礼乐，在京都设天坛、地坛，但他们内心中依然重视满族古礼，所以与汉族祭祀用玉那种精神情感是有很大区别的，在某种程度上便成了一种纯粹的仪式。此时玉璧的制作有仿汉谷纹璧、蒲纹璧、螭纹璧、兽面纹璧等，最大的一件是养心殿门外所立的青玉素璧，直径在50厘米以上。至于宫内陈设的玉璧，质材极好，多新疆和田白玉或青玉等。一般璧体较厚，内外缘常琢有一条棱线，璧之一面饰谷纹、席纹等几何形图纹，另一面常浮雕出龙螭纹等。特别是龙螭的口中，往往衔有灵芝仙草，呈现出一种祥瑞之气，其体态圆润，碾磨细腻，比例合度，工艺精湛，反映

碧玉兽面纹璧

了清代玉工高超的制玉技术。

6. 玉圭

清朝时期，玉圭作为皇家的祭祀礼器，仍在制作和使用，乾隆年间尤盛。其形体大小不一，造型基本与明代玉圭相同，不过有的玉圭中部微微凸起一条纵向脊线，有的圭面则琢饰有海水、日月星辰等图纹。较大型玉圭由于玉料的缘故，往往是用两块拼合而成，如乾隆皇帝赐予岱庙的一件大玉圭，即用两块玉石雕成，圭面琢刻有山水和星辰，似乎寄托着天子在企求天地之神的保佑和祝福。

7. 玉牌

清代玉牌饰，是继明代小型玉牌或子刚牌而发展流行起来的一种佩饰玉器。造型多呈长方形或椭圆形，比透雕的花形佩稍厚，一般边框较窄，上端浮雕方折角的夔龙或云纹，中央钻一小圆穿。佩面去地很浅，隐起的动物、人物及花卉图案，布局疏朗雅致，制作工艺极为精细，器表光洁平滑，多呈现一种温润细腻而又柔和的油脂光泽。应当注意的是，清代玉牌上的图纹装饰极其丰富多彩，不仅有传统的云龙、花鸟，而且还出现了大量的历史人物故事、诗文书画、吉祥图案等。大多正面为图，背面为文，给人一种赏心悦目、宁静高雅的感觉。

8. 玉笔杆

毛笔是我国特有的书画工具，有着悠久的历史，虽然至今我们还没有从新石器时代遗址中发现毛笔，但从大量的彩陶器物上所绘的几何纹、动植物图案中，仍可找到古人使用毛笔的痕迹。出土的战国、两汉竹简、漆器上的绘画图案明显都是用毛笔来完成的。尤其是人们不仅对笔头的制作要求极高，而且对笔杆的材料也日益讲究了起来。

据载，玉笔杆似出现于宋代。宋人李玄彦《砚谱》记，"许汉阳笔以白玉为管，砚乃碧玉，以玻璨（一种玉盒）为匣"。但目前所见玉笔杆，多为明清之物。一般由笔杆和笔帽两部分组成，有的光素，有的雕云龙、蟠螭、花卉等。器物虽小，但材料昂贵，工艺精良，是文房毛笔中的佼佼者，它不仅使用方便，而且令人赏心悦目。

9. 玉笔架

笔架是架笔的器具，随毛笔而产生，又名笔枕、笔床、笔格等。目前所见最早的笔架是浙江衢州宋代墓出土的山峰状水晶笔架，至清代山形笔架仍在流行，但更多的则是器形复杂、装饰华丽的造型。如故宫博物院收藏的青玉桥形笔架，长22厘米，高7.3厘米，整体为拱桥形，桥下有木桩，桥上有骑牛者、骑马者及挑担的行人。桥洞中有渔舟穿行，桥畔有树丛、灌木，构思巧妙，玲珑剔透。至于那些常见的婴戏笔架、花卉笔架等，都不失为清代玉文房的佳作。

10. 玉笔筒

笔筒是存放毛笔的器具，有方、圆、多棱等形，器面多浮雕人物、山水、花草、树木等。乾隆时期作品，画面清晰醒目，浮雕图纹，无论高低凸凹，均碾磨得圆润细致。还有一种是仿竹刻意法，山水层次较多，画面起伏较大，

清代山峰形笔架

具有一种景物深远的感觉。清代晚期，工艺图纹均较粗劣。

11. 笔洗

笔洗是文房中的贮水、洗笔之器，虽然以玉为之，则又兼有了把玩、欣赏之意，更显高贵。一般清代笔洗造型新颖别致，式样繁多，有葫芦洗、荷叶洗、羊首洗、花耳洗、瓜形洗、桃形洗等，碾磨细润，工艺精湛，是清代中晚期数量较多的一种玉质文房器物。不过，有的可能用于洗涮毛笔，有的似纯属陈设玩赏品。此时笔洗内容，大多取材于田园野景、花卉动物等，或许这种将大自然的野趣纳入文人书房，正与文人追求闲逸的心愿相吻合的缘故，所以，清代笔洗佳作的数量相当可观。

12. 玉宝玺

清代宫廷帝后之印玺称为宝，一般形体较大，玉质较好。《清史·舆服三》曰："清初设御宝于交泰殿，立尚宝司。"高宗御制《国朝传宝记》曰："国朝受天命，采古制为玺……其质有玉，有金，有梅檀木。玉之品有白，有青，有碧。纽有交龙，有盘龙，有蹲龙。"乾隆十一年，考定宝谱，藏之交泰殿者二十有五，排序第一件"大清受命之宝"，为白玉制成。

清代雍正玉玺

由此看来，玉玺比金、木更受重视。今日所见清代玉玺，形式各异，大小不等。印纽多采用高浮雕或圆雕的手法，琢出龙、螭、兽等，躯体圆润，线条柔和，有的印玺之侧面，还装饰有仿古的几何形图案。更为巧妙者，玉工采用玉料的不同色泽，将印体与印纽分别雕成黑白或赭白等两种颜色，可谓巧作。需要提及的是，清代官方玉玺之印文多为满汉两种文字或满汉蒙三种文字，体现了清朝统治者维护多民族统一的政治用心。

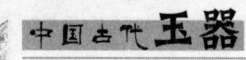

13. 透雕玉佩

清代透雕玉佩形式多样，玲珑秀美。器体多呈扁平薄片状，一般为圆或长方形，器表光洁，琢磨细致，常以镂空加饰阴线的手法，琢出花鸟、动物、双喜、福字及借物寓意的吉祥图案，如福在眼前、五福捧寿、喜上眉梢等，有的则以龙凤为型，透雕而成，龙体卷曲成环状或椭圆状，多光素或饰有阴线。凤鸟佩多两两相对，或卧或立，造型不一，颈部羽毛多分缕成条形，双翅刻画细致，多用鳞纹、树叶纹、阴线表示。长尾分作三缕向上翻卷，体态极为优美。

第二章

构思奇巧——玉器工艺

对玉的爱好，可以说是中国文化特色之一。自三千多年以来，玉的质地、形状和颜色一直启发着雕刻家、画家和诗人们的灵感。而独具匠心的玉器工艺更是吸引了众多的玉器爱好者。下面就让我们一起来欣赏玉器工艺中各式各样的玉器技法和绚丽多彩的玉器纹饰吧！

第一节
中国玉雕工艺发展

早期玉器工艺发展

中国玉雕工艺的历史非常悠久，7000年前的辽河红山文化、山东大汶口文化、太湖流域的良渚文化揭开了中国玉文化的序幕。

辽河红山文化玉雕用绿色和草黄色岫玉制成。典型玉器有玉龙、玉兽形饰品，龟、鸟形器物等，造型简练，风格豪放。

良渚文化玉雕多用角闪石制成，典型玉器有玉琮、玉钺、玉璧、串饰等。器形较大，做工严谨，上有浅刻如发丝的云纹、鸟纹和人面兽纹。武进县寺墩遗址出土了60件玉琮、玉璧。玉琮的造型为外方内圆的方柱体，从1节至15节不等，玉料有碧青、斑绿、乳白、红褐等色。最精致的一件环形玉琮，表面刻有4组兽面纹饰，繁简工致，堪称精美绝伦的工艺品。玉璧大小不一，均为扁平圆形，中有对钻圆孔，表面琢磨得光滑如镜。最大的一件，直径为26厘米。从这些史前的玉器可知，当时已有凋地阳刻、阴刻、浮雕、圆雕、镂雕几种玉雕技法的雏

玉雕

形，打孔工艺也很熟练。红山文化玉龙上便有一细孔，悬挂时，玉龙的尾呈朝后的水平状态，可知打孔的位置是经过精心选择的。龙山文化出土的玉斧、良渚文化出土的玉琮上都带有富有立体感的兽面纹，兽面纹那概括、夸张、抽象的风格和早于青铜器兽面纹的事实，引起人们极大的兴趣。要知道，这些珍贵的艺术品竟然是出自于尚没有金属工具的古人之手。

知识链接

岫岩玉器市场

新中国成立后，特别是改革开放以来，驰名世界、资源丰富的辽宁省岫岩县岫玉的开发，备受关注和重视，其规模、质量和影响，都达到了空前的程度。目前，在岫玉产地，已形成全国最大的玉石矿山，年产量已达数千吨，占全国玉石用料的70%以上，在各玉种中独占鳌头。自20世纪80年代以来，除历史悠久的著名老玉雕厂家外，集体、合资、个体玉雕厂点遍地开花，辽宁省岫岩县从事玉石加工的企业多达3000余家，全县50万人口中，有近6万人从事玉石加工、销售或与其相关的产业。与此同时，承前启后，玉雕高手辈出，工艺愈加完美，精品、珍品迭出，玉雕品种亦由传统的五大类增加到十几类。随着岫玉知名度的提高，岫玉越来越被世人认识和垂青，尤其是国宝玉石王被雕成天下第一玉佛后，岫玉名声大振，影响日益深广，销售市场更为广泛。目前，各种岫岩玉雕刻的工艺品，已占据全国70%的工艺品市场、旅游产品市场。仅岫岩当地就形成了"玉都""东北玉器交易中心""荷花泡玉器交易市场""哈达碑玉器交易市场""中国玉雕精品园""岫岩玉雕艺术宫"六大专业市场。岫岩玉雕刻的工艺品近销国内各省、市、自治区，远销亚、欧、美等100多个国家和地区，每年为国家创汇几千万美元。

先秦玉器工艺发展

　　夏、商、周是中国古玉器发展的重要时期,夏玉发现较少,在河南偃师二里头出土的"七孔玉刀",在造型上与新石器时代晚期的"多孔石刀"相仿,而装饰又带有商代古玉器双线勾勒的滥觞,显示了良渚文化、龙山文化、红山文化玉器向商玉的过渡形态。商代古玉的成就很高,安阳殷墟妇好墓出土玉雕达755件,其中以"玉凤""玉鹦鹉""玉人""玉象"等为代表,显示了商文化灿烂的风格。妇好墓出土的"玉龟",是中国最早的"俏色巧作"的代表作。周代时,玉雕已被列为"八材"之一,表明玉雕在周代已成为一门独立的行业。周玉以片状及动物纹饰的佩饰居多,并已开始具备政治、道德、宗教、伦理等方面的含义,在周代的政治生活中发挥了重大的作用。所谓"以玉作六器以礼天地四方,作五端以正国事","君王以玉召见公侯大臣,公侯大臣以玉事君王"。这种以玉喻德的作风在中国几千年的封建社会中发挥着重大的作用。

　　春秋战国时期,玉雕的制作得到各个诸侯王的重视,在各个诸侯王国的都邑里都有玉雕生产。值得指出的是,随着新兴地主阶级走上政治舞台,一种新的美术思想正在有力地冲击着商周以来那些带有浓厚奴隶主君权思想和巫术宗教色彩的各种艺术。对于以实践为第一性的玉雕工艺家来说,首先是在艺术实践中表现出一种"人定胜天,巧夺天工"的新境界,而不再是敬鬼神的宗教艺术,像江苏吴县出土的"鹦鹉首拱形玉饰",器表有四组繁密的蟠虺纹,这种瑞鸟相鸣、蟠虺缭绕的装饰风格,显示了"诸子蓬起,百家争鸣"的时代特征。北京故宫藏品"勾连云纹玉灯",系用青白玉制成,灯座为覆莲状,刻有立体感很强的柿蒂纹,灯盘外侧的勾连云纹是采用先刻阳线,再将其外侧作减地处理,使阴线的外侧边沿形成阳刻的效果。柿蒂纹在商周古玉上见不到,反映当时人们崇尚自然之美的审美趋向。从装饰风格上看如此,从制作技艺上看也是如此,春秋战国时期的玉雕工艺确实有不少创新之举。湖北随县曾侯乙墓出土的玉佩,分用3个活环连接4块白玉雕成的23节龙和其他形象的玉佩,全长达48厘米,可以活动折曲,是古代玉器活环工艺的代表。活环技术是一种突破玉石材料局限性,充分发挥玉雕艺人聪明才智的工艺技术，活环技术可以改变玉石材料固有的位置，不仅有利于玉料的充分运用，而且使玉雕制品的造型更加玲珑剔透、更加丰富多彩。

秦朝至唐朝玉器工艺的发展

秦玉目前出土较少，但从秦代工艺美术异常发达的情况来看，秦玉当是不弱。据《西京杂记》记载，汉高祖刘邦攻入咸阳后，发现国库中有许多玉器是稀世之宝，如有一管玉笛"长二尺二寸，二十九孔"，"吹之，则车马山林，隐隐相次"，还有一"青玉五枝灯"，"高达七尺五寸，作蟠螭，以口衔灯。灯燃，鳞甲皆动，焕炳若列星而盈室焉。"如记叙属实，则真令人惊叹不已。

秦朝玉器

汉代是中国玉雕工艺蓬勃发展的黄金时代，结束了商周为代表的古玉发展阶段，在继承春秋战国玉雕技艺的基础上，积极开拓品种，以致出现了礼玉、葬玉、佩玉、玉摆件四大类产品并驾齐驱的局面。汉代的礼玉、葬玉的工艺水平并不算高，其中较有特色的是"金缕玉衣"。工艺水平最高，成就最大的当属佩玉和玉摆件。战国时兴起的曲线构图得到划时代的发展，特别是西汉初期各诸侯王——河北满城的中山王，徐州地区的楚王、彭城王，扬州地区的广陵王，广州地区的南越王墓中出土了大量精美的佩玉和玉摆件，显示了汉玉的卓越成就，件件堪称稀世珍宝。

自高度发达的汉玉之后，中国玉雕在其后300余年时间中进入了低潮，原因是当时求仙之风日盛，人们认为"玉亦仙药，""服玉者，寿如玉"，故觅玉、吃玉之风盛行。在这种情况之下，玉雕工艺实在难以兴旺起来。

隋唐时期，玉雕工艺又一度兴起，

唐朝玉器

中国古代玉器

ZHONG GUO GU DAI YU QI

但人们对玉雕制品不再持有神秘的观念。大量的玉雕制品成为王室、贵戚、富豪收藏的秘宝，使玉雕制品出现了珍玩为主、礼仪为辅的新格局。隋玉出土甚少。西安李静训墓出土的"金扣白玉盏"，质地温润，金与玉互为衬托，显得富丽、典雅。唐玉出土也不多，1970年在西安何家村的唐代窖藏中出土了40多件玉器，像"兽首玛瑙杯""八瓣花形玉杯"等都是极富生活情趣的作品，显示了唐代玉雕的风采。隋唐时期，由于千里运河开凿、通航，使南北玉雕技艺有了直接的交流。地处长江和运河交通交点上的扬州城，玉雕业非常发达。许多来自大食、波斯的珠宝玉器商人在扬州开店设铺，使中国玉器成为对外交流的工艺品。

宋以后的玉器工艺发展

宋代是中国玉雕工艺十分发达的时期。由于宋代拥有一支比唐代更为庞大，更有文化修养的地主统治阶级，又有书画俱佳的宋徽宗赵佶的大力提倡，

宋朝玉器

第三章 构思奇巧——玉器工艺

使玉器成为文房用具、仿古器皿等以玩赏、把玩为目的小玩意和小摆设。从传世的宋代玉器"青玉牧马镇纸""青玉兽砚滴""白玉荷叶洗""玉卧瓜形水注""青玉镂雕松竹梅花插""水晶山峰笔架"等来看，这些玉制文房用具不仅具有实用功能，而且还采用儿童、禽鸟、兽、瓜果等作为装饰题材，成为造型活泼自由，富有文化气质，便于陈设、把玩的工艺品。在北京房山出土的"玉双鹤衔草""玉镂竹节饰件"等宋玉，做工精巧，装饰题材富有生活气息，已摆脱了三代古玉的规矩方圆，也没有战国玉雕那种神秘莫测、但万变不离其宗的"S"型构图形式，成为中国古代现实主义的作品，从此，中国玉雕工艺品走上了世俗化、装饰化的道路。

与宋代同时期的辽、金属北方游牧民族，其玉雕多选用狩猎题材进行装饰，作品具有塞北的风格。

元代玉雕的成就也很高，著名的玉器有"渎山大玉海"，重达3000千克，器身有浮雕的海浪及海马、海龙、海狮等神异怪兽，造型生动活泼，兼具写实气质和浪漫色彩，是中国历史上年代最久的大型玉器。各种镂空的、多层次的玉帽顶架、玉帛押是元代玉雕的新品种。

明代玉雕以镶金银、嵌宝石为特色，像明万历皇帝陵出土的玉冠、凤冠，金玉相辉，极为璀璨华贵，该墓出土的玉碗，也配有金制的杯盖和把手。明代著名的民间玉雕艺术家陆子冈，擅长各种技艺，尤以浮雕技艺最精，故明代玉佩又有"子冈佩"之称。"茶晶梅花花插""青玉合卺杯""青玉婴戏纹执壶"等为陆子冈所制的珍品，现为北京故宫所珍藏。"茶晶梅花花插"是件俏色作品，显示了明代俏色巧作工艺的高超水平。

清代是中国封建社会玉雕工艺最发达的时期。清代玉雕、用玉广泛，做工精巧，表现形式极为丰富多彩，形成了仿古器皿、人物摆件、兽摆件、花鸟摆件、山子雕、玉石盆花、玉盆景、玉首饰、玉石镶嵌等产品门类。清代的山子雕成就最

清朝玉器

大，像"大禹治水图""会山九老图"等都是划时代的大型玉雕作品。清代的薄胎、压金丝嵌宝石工艺也很高超，使玉制仿古器皿的做工达到尽善尽美的程度。玉石盆景、玉石盆花则是玉雕工艺的新发展，使清代玉雕工艺品更加丰富多彩。清代玉雕工艺最繁荣的时期是乾隆在位的60年，道光之后，玉雕工艺则日渐衰落。

随着清王朝的衰败和帝国主义列强侵略中国，使近代中国沦为半封建半殖民地的社会。代表中国封建社会最高成就的宫廷玉雕已结束了它的历史，人们爱玉、喜玉的风俗也被崩溃的经济所淡化，中国玉雕工艺品的服务对象也发生了重大的变化——由为中国封建统治者服务转向为世界各国的艺术爱好者和收藏者服务。中国玉雕工艺品作为一种体现中国传统工艺文化，并具备一定经济价值的特殊出口商品，是中国玉雕在半封建半殖民地社会经济中惨淡经营，赖以生存的立足点。由于服务对象的改变，玉雕工艺品的产品结构发生了重大的变化，以人物、花鸟、走兽为题材的玉雕工艺品日趋发展，玉制仿古器皿则大体保持不衰，那些与时代不相适应的扳指、朝珠、翎管等产品已经很少生产或停止生产。玉雕工艺品带着艺术性和商品性的双重特性，走进了国际贸易的新阶段。

知识链接

宝石加工材料

1. 磨料

用于琢磨以及抛光宝石的材料主要是磨料，磨料说白了就是一些具有一定硬度与韧度的粒状或微粒状的矿物或矿物集合体。必须具备的首要条件是：硬度要比被加工的材料高出一些；有适当的抗破碎强度与自锐性；在高温下可以保持其固有的硬度；粒度与形状均匀；和被加工材料不发生化学反应。如今用于宝石加工的磨料有：碳化硅、碳化硼、金刚石、刚玉以及主要用于抛光的硅藻土等。

2. 磨具

磨具是宝石加工中极为重要的切割、磨削以及抛光的工具。依据在加工中的作用不一样，磨具可划分为切割磨具、磨削磨具以及抛光磨具三大类；依据磨具和磨料的依附关系，又可以分为游离磨料磨具和固着磨料磨具。

（1）固着磨料磨具：指的是磨料被某种结合剂结合起来并制作而成一定形状的磨具，或磨料被附着于某些基体上而成的磨具。这种磨具日常生活中经常看到的有粉砂轮（碳化硅砂轮与金刚石砂轮）、砂带（碳化硅）、金刚石锯片、砂盘等。

（2）游离磨料磨具：指的是磨料不是黏附于磨具的基体上，而是在磨具工作面上处于分散游离状态，这种磨具一般只是起支撑磨料进行磨削的作用，而无法把持磨料。这种磨具经常见到的有磨盘与抛光盘。

3. 辅料

在宝石加工过程中，除了需要各种磨料与磨具外，还需要各种辅助材料，包括冷却液、黏结材料以及清洗材料等。

（1）冷却液：在加工宝石过程中，通常产生大量的热量，使宝石与磨具温度骤升，所以要使用冷却液降温。除了冷却外，冷却液还有清洗以及润滑的作用。宝石加工中经常用到的冷却液有水、油以及皂化液等。

（2）黏结材料：主要用来把宝石粘在操作棒上方便宝石加工。黏结材料必须具有的性能是：适当的软化点；有良好的热稳定性；良好的化学稳定性；具有良好的黏结性；无毒、无杂质。宝石加工中经常用到的黏结材料有：石蜡、松香、绿条胶、黑火漆、火漆胶、虫胶、红胶、502胶以及木漆等。

（3）清洗材料：主要用于清洗黏结剂与宝石表面的油渍污垢、灰尘等。经常使用的宝石清洗材料有碱性溶液、水、酸性溶液以及有机溶液等。

第二节
精雕细琢——玉雕技法

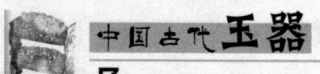

钻孔

早在距今1.7万年前的新石器时代初期，山顶洞人制作的一些磨制石器，如石球、小砾石、兽牙等，已经零星出现了钻孔。而在距今6000年前的仰韶文化半坡等遗址，石器钻孔已相当普遍。原始人类最初在石器上钻孔的目的其实非常简单，只是为了便于将磨制好的石器固定于木柄之上。随着古人大量以玉材制作精美的装饰品用于美化生活，无论是玉斧、玉锛，还是玉珠、玉牌饰等上面基本都钻有孔，玉器上钻孔成为这一时期最常用的玉石雕刻技术。

新石器时期古人在石器上所钻的孔是以磨制的方法来完成的，他们使用木、竹等作为钻杆在固定的一点上来回研磨，同时在钻头处填入水和坚硬的细沙，通过长时间的旋转，即可在石器上钻出孔来。从红山文化、良渚文化、龙山文化玉器上的痕迹来看，钻孔同样是以磨制的方法制作，出土的红山文化、良渚文化等精美的玉器表明，新石器晚期，原始人类不仅已经完全熟练地掌握了在玉石上钻孔的方法，而且在打孔方式、工具技术上不断加以丰富完善，取得了巨大的进步。

其一，解决了钻孔的技术问题。在生产力水平低下的远古时期，钻孔这项看似简单的制作，实则需要具备一定的技术知识才能完成，最重要的就是要使所钻出的孔上下端直，就必须保证钻具的垂直与稳定，否则就会在钻孔

第三章 构思奇巧——玉器工艺

过程中出现偏钻而影响钻孔的美观和质量。考古工作者在距今5000多年前的安徽巢湖凌家滩文化遗址中发现的一枚新石器时代的石钻使我们了解了古人钻孔的一些技术情况。这件石钻整体为梯形偏心体，上下两端为螺纹状钻头，以这种特殊形状的钻具进行钻孔就可以利用偏心原理使钻头保持旋转时的稳定而不偏离中心，从而制作出端直顺畅的钻孔。偏心原理的运用体现了原始人类在玉石制作上的聪明和智慧。

其二，随着钻孔技术的提高，原始人类的钻孔工具也得到了改进。显著之处就是使用了空心钻和实心钻。实心钻即以竹木石等为钻具，将所钻孔洞部位的玉料完全磨掉，这是古人

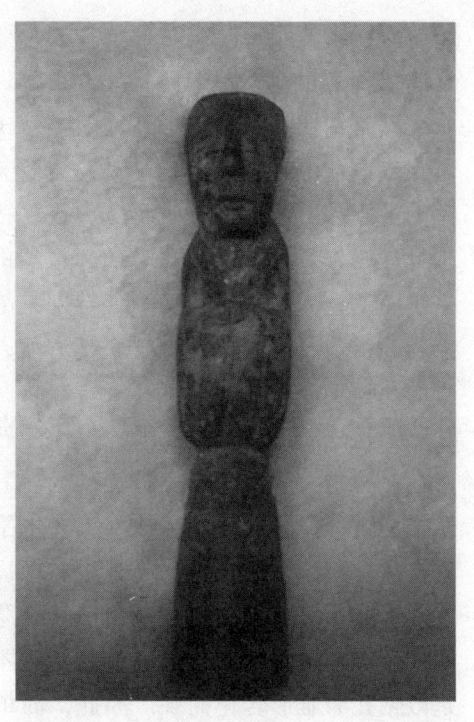

汉代玉翁仲

最早使用的钻孔钻具，其特点是钻具钻孔的同时自身也被不断地磨损，所以形成的钻孔往往呈喇叭口状。早期文化遗址出土的玉器钻孔多有这种特点。实心钻的优点是简单易行，但如果钻取如玉璧、玉琮上的钻孔，钻孔不均匀也会浪费大量的玉料，因此，新石器晚期的良渚、龙山文化玉器开始大量使用空心钻来完成钻孔，即以呈筒状的钻具配合解玉砂钻孔，这样钻出的孔平直，钻取的玉料仍可作为制作其他玉器的材料。

其三，原始人类解决了钻孔的工具及技术问题，钻孔的方式也变得丰富多彩，形式多样。仅从这一时期红山、良渚、龙山等文化玉器上就可以观察到多种钻孔形式，如常见的单孔，还有蜂腰孔、象鼻孔等，单孔即上下垂直贯通的孔，是钻孔的基本形式。在玉器制作大量出现的良渚、红山等文化时期，已不仅能在片状的玉璧上打孔，而且能熟练地钻出像玉琮、玉管那样又直又细的单孔，其钻孔技术是非常令人惊叹的。

钻孔经历了由粗糙到精致，由简陋到美观的一个改进过程。在铜铁等金

113

属材料还未使用的原始时期，古人主要用石木竹等作钻孔工具，因此所钻之孔往往较为粗糙不甚规整，如红山、良渚等文化玉器上的钻孔，有的呈喇叭状，这是钻孔时钻具与玉器同时被解玉砂磨损的结果；有的钻孔不直、口径不圆，或孔中间有错台，这是从双面对钻孔时由于对位不准而出现的现象；有的由于一次钻孔不成功而多次重复钻孔形成钻的孔不规范。商周以后青铜工具开始大量使用，从这时期起玉器的钻孔技术，有了很大的提高，孔径误差小而壁直，形状工整美观，特别是战国、两汉，比铜硬度大而耐磨的铁制工具的出现，使玉器钻孔越来越方便，钻的孔越来越圆而直，即使钻又长又直的孔也美观标准。

春秋战国以后，在我国各时代玉石雕刻发展中，玉器上钻孔可说是无处不在。原始人类早期在玉器（石器）上钻孔，其最初的目的虽然说是以穿系、悬挂为主，但是由于各种技术工艺水平的限制，却是原始时期玉器主要的雕刻技法，无论是琮、璧，还是玦、管，诸多玉器造型形式都是以钻孔为依托发展形成的。后代蓬勃发展的玉雕工艺很多也是以钻孔为基础而进行制作，如掏膛、镂空等，尤其是玉雕艺术中不可或缺大量使用的镂空雕刻技法，更是以钻孔为雏形转化而来。因此，简单的钻孔技法从一定角度上说对中国玉雕艺术的形成产生了深远的影响，其意义非常重大。

刻线

早在我国新石器时代母系氏族社会繁荣发展的仰韶、马家窑文化时期，原始人类就开始大量描绘各种具有装饰意味的纹样来美化烧制的陶器，通过纹样装饰使造型更加美观。同样，随着玉器磨制技术的熟练和制作数量的增多，为了丰富和美化造型或为了表达某种特定的含义，在玉器上刻线的技法逐渐成为玉雕的重要艺术化表现形式。

刻线与钻孔均可称为最古老的玉雕技法，在距今5000多年前的新石器晚期，刻线的技法开始大量运用。红山、良渚、龙山文化等玉器上都有或多或少、或繁或简的刻线纹饰。但是，由材质硬度所决定，在玉石上刻划预先设计好的装饰纹样，其难度要远远大于钻孔和大面积的磨制造型，然而，以具有代表性的良渚文化玉琮、玉三叉型器、玉冠状器等玉器为例，其上往往都

第三章 构思奇巧——玉器工艺

汉代玉雕

以刻线的方法刻划了细致丰富的兽面纹装饰纹样，甚至在只有一厘米见方的面积上，其刻线也工整流畅，清晰可辨，刻线技法的运用达到了很高的水平。

原始时期玉器上刻线精细完美，有些即使以当代机械设备制作也属高难度，其制作方法有人推测是用高硬度的鲨鱼牙来刻画的。但浙江良渚文化塘山遗址出土的大量制玉工具表明，在新石器中期以前，玉石上的刻线主要是用比玉更坚硬的原始石制工具来完成，如硬度达到 7 以上的黑石英等就常被用来进行玉器纹饰刻划。由于使用原始石制工具人工在坚硬的玉石上刻划，因此，这一时期的刻划线由多个断续的线条连接而成，可以看到很清晰的接续痕迹，虽刻划小面积的纹饰能取得很好的效果，但却不易完成面积较大的纹样，在一定程度上限制了刻线技法的进一步发展。

随着生产力水平的提高，进入奴隶社会的商周时期，用砣机刻线取代了手工刻线，使刻线技法的运用取得了飞跃的发展。这一时期出现了特点鲜明的"勾撤法"和"双钩阴线"两种雕刻技法，实际上都是在刻线技法基础上发展而来。"勾撤法"即将刻线的一侧进行斜磨，通过扩展线条的宽度达到纹样造型的目的，这种方法在西周时期玉器上发展为俗称"一面坡"的玉雕技法，可以更好地表现纹样的转折和体积感。"双钩阴线"技法在商早期已大量使用，即以砣具在玉器上刻划出两条相平行的阴线，中间的部分又形成凸起的阳线，阴阳线形成对比，使线的表现力更加丰富。这两种由早期刻线演化而来的玉雕技法是商周时期玉器上主要的艺术表现手法，可以毫不夸张地说，刻线技法的运用构成了商周玉器雕饰艺术的基本风貌和独特的艺术风格。

春秋战国以后，刻线虽然不再作为主要的玉雕艺术表现手法，但由于铁制琢玉工具的使用，在技法上仍取得了重大的突破。首先，春秋时期出现了细如发丝，刻线婉转流动，疏密均匀的游丝阴刻线，以这种刻线刻制的勾连纹、云雷纹、夔龙纹既细若秋毫，又纹样准确，刚劲有力，表现出了线条的艺术魅力，为玉器的雕饰增添了多姿的色彩。其次，汉代著名的"汉八刀"技法的出现也对刻线技法的发展做出了突出的贡献。"汉八刀"是比商周"一面坡"更为犀利的刻线琢法，其一面直立如壁，一面斜如刀削，线条简洁刚健，看似大刀阔斧，实则精准到位，对刻线的运用可谓生动独到，将刻线技法引入一个新的艺术境界，为刻线技法的运用发展展现了新的天地。

唐宋以后各历史时期，刻线技法的运用同样时有出新，典型的如唐代以粗阴刻线勾勒图案边廓，而以细刻线装饰细节的刻线技法运用。以小型圆砣勾出的短直细密、整齐的阴线很好地表现了雕饰的阴阳主次，衣纹的转折疏密，具有强烈的立体感和整体效果，刻线运用直白自然，体现了刻线的活泼生动性。

自唐宋以来，随着制玉技术的提高和砣机工具的完备，刻线向更细致、更流畅的方面发展。明清时期制玉设备已经非常便利完备，完全可以自如地以砣机磨制出连续不断的刻线线条，刻线不仅可以做到纤细而长，转折弧线顺畅自然，而且毫无断续琢痕，刻线运用非常娴熟，将刻线玉雕技法发挥到

第三章 构思奇巧——玉器工艺

了极致，达到了其艺术表现的顶峰。

刻线技法的形成和发展，大大丰富了玉雕的艺术表现力，如果说钻孔在某方面还具有很强的实用色彩，那么刻线却是真正的玉雕艺术表现的开端，它在我国各个时代玉器雕饰上发挥了重要的作用。

镂空

镂空即利用工具磨透玉材从而以形成不同变化的空间、边缘轮廓进行造型的玉雕技法。镂空技法的历史也很悠久，原始时期的红山文化勾云形器，良渚文化的玉璜、玉冠状饰等都已运用了镂空的技法，虽然由于当时工具的制约，这些技法表现得稍显简单，但已具备了镂空技法造型的初步形态。

商周以后伴随着琢玉工具的进步，镂空开始成为玉雕艺术的主要雕刻技法。商周时代的镂空主要体现运用在板片状的玉饰上，通过镂空无论是侧面还是正面的龙凤、人物形象都能准确清晰地显示出来，而且造型轮廓转折自如。自春秋战国到两汉，这一时期各种玉佩及璧、璜等，多是以镂空的技法制作，代表性的龙凤纹玉佩、鸡心佩、出廓璧等，所展现出的镂空雕刻造型复杂而多变，轮廓边缘生动流畅，对多样的造型具有很强的塑造能力。

镂空技法在两汉以后有了巨大的变化。唐宋时期出现了多层次的镂空技法运用，镂空不再局限于平面的单层次，而是向深层次空间展开，表现造型的前后、主次关系。宋代的凤穿花、龙穿云、飞天穿花、绶带鸟穿花、螭龙穿竹玉佩饰、玉炉顶，辽金元时期广为流行的春水、秋山玉雕都是这一变化的典型玉器。明代玉器令人称道的花上压花，即在平面片状的玉料上雕

龙纹镂空玉雕

117

出上、下不同层次图案的技艺更是将镂空技法推向了新的水平，扩展了玉石雕刻的空间观念，为玉石雕刻从装饰到写生的自然转变提供了技法支持。明清时期镂空在各种玉雕技法中占据了主要的地位，在玉雕造型生活化表现上发挥了重要的作用，这一点在明清两代玉山子、玉制器皿如玉薰等器物上表现得淋漓尽致，多种镂空技法综合运用，展现了镂空技法独特的艺术表现力。

镂空玉雕技法的形成、发展和成熟，使玉石雕刻艺术具有了真正意义上的适合玉石材质的特殊雕刻方法，是实践与智慧相结合的产物。镂空不仅合理地利用了玉石材料，而且最大限度地展现了玉石的质地、色彩美感，因此直至当代，镂空仍是玉石雕刻中使用的最主要的雕刻技法之一。

圆雕

圆雕是指完全或比较完全立体的雕塑造型形态，其占有高宽深三维空间，可以从多方位进行欣赏，通过不同视觉角度呈现出不断变化的丰富的艺术造型形象。圆雕在雕塑艺术中占有极其重要的地位，最能体现雕塑艺术的特征，中国古老的玉石雕刻中，圆雕也同样是其重要的艺术表现形式之一。

圆雕表现形式的造型主题在我国玉雕艺术发展早期的新石器时代红山、良渚等文化即已出现。红山文化胡头沟遗址出土的玉猪首佩和玉鹰、玉鳖，良渚文化反山遗址出土的玉鱼、玉小龟、玉鸟，张陵山遗址出土的玉蝉，龙山文化陕西神木石峁遗址出土的圆雕蝗虫、螳螂以及安徽含山凌家滩新石器时代墓地发现的玉龟、玉人等都初具圆雕形态。

商周时期，圆雕技术得到了进一步发展和完善，大都制作优异，其代表即是安阳殷墟妇好墓出土的一大批圆雕动物、人物。在这批圆雕作品中，不仅有玉象、玉燕、玉熊、玉虎，还有几件制作精美的玉人特别引人瞩目。这些玉人动态呈跪姿，着不同的服饰，人物结构、比例合理匀称，形象特点突出，其通过圆雕手法表现的立体形象生动准确，十分清晰地展现了商周时期的生活画面。这些圆雕的人物和动物，雕刻技法也非常娴熟精练，从整体造型到细节局部均独具特色。

春秋战国、秦汉时期，圆雕逐渐增多且越来越突出，特别是汉代的圆雕艺术达到了很高的水平，不仅有陕西咸阳汉陵出土的玉马、玉熊、玉羽人骑马这样手法细腻、制作优异的写实风格圆雕，还有玉握猪、玉翁仲这样简练概括传神的抽象写意形态的作品，形象内容、雕刻手法丰富多彩，使圆雕这一雕刻形式焕发出独有的魅力。

魏晋南北朝是我国玉石雕刻发展的低潮时期，在其为数不多的玉雕作品中，圆雕却有较为突出的表现。大量制作的玉辟邪、人物、神兽，继承了汉代此类圆雕的优良传统，在内容及艺术处理上体现出神秘、怪诞的特色，在中国古代玉石雕刻艺术中别具一格。唐宋以后，

玉熊

圆雕这一艺术表现形式向多方面发展：首先，延续继承了动物、人物、神兽等题材，诸如唐代的玉龙、蟠螭、玉马，宋代的各类动物、玉童子、玉神兽、玉禽鸟，明清的玉驼、玉马、玉羊、玉山子等。随着佛教深入社会生活，玉菩萨、佛像等也大量出现。其次，唐宋以后，圆雕进一步也表现植物、花卉，这是秦汉之前圆雕中极少涉及的，典型的如唐宋各种玉佩饰，文房用具中常见的玉牡丹、玉荷花、玉灵芝、梅花等，金元时期的春水、秋山玉也常用圆雕的手法表现。清代闻名于世的玉山子，更是将圆雕的艺术手法表现得淋漓尽致。

浮雕

雕塑艺术的浮雕概念，是指通过对自然体积结构的压缩处理，在平面的底板上形成形体的高低起伏，从而在特定的光线照射下具有立体视觉效果的雕塑艺术表现形式。其具有以下特点：一、浮雕具有很强的实用性，经常和建筑、实用的家具、器皿相结合起到装饰的作用，以正面欣赏为主。二、浮雕具有雕塑和绘画的双重特点，既吸收了平面绘画的二维性，又通过造型结

中国古代玉器
ZHONG GUO GU DAI YU QI

玉插屏

构的起伏处理表现出雕塑艺术的性质，因此，既可以表现复杂场景，又可以体现出雕塑般的体积空间感。三、光线照射是表现出浮雕特色的必不可少的条件，通过画面构图、雕塑压缩处理的造型只有在特殊光线下形成光与影的变化才能显示出立体体积的效果。四、浮雕主要是通过对体积结构的压缩处理，将造型压缩在近乎一个平面的范围内，此种压缩不是平均的压缩，是根据画面、造型、光线的需要进行的不等压缩，因此，多采用散点透视、破时空透视取得画面多种体积多层次统一的效果。五、最具浮雕艺术特征的雕塑处理手法是起物线的运用。它既是造型凸起于底板高度的标准，也体现出饱满的体积在经过压缩后仍表现出轮廓转折的丰富，没有起物线的刻划只能是简单的高低层次区别，有了起物线才能有体积、结构、造型的艺术化体现。

  浮雕的这些特点是相辅相成的，缺一不可，只有相互结合才能称之为真正意义上的浮雕艺术。如果以这个标准对照中国古代玉石雕刻中的浮雕，原始社会、商周时期的大部分则属于浮雕的萌芽，到汉代玉石雕刻中的浮雕才具备上述诸多特点，而且一经完善即成为中国古代玉石雕刻中的主要雕刻艺术表现形式之一。

  汉代多种玉器如玉璧、玉佩、玉具剑、玉玺等都大量地运用了浮雕的雕刻手法，形式上根据所附的玉器不同，既有玉璧上的浅浮雕，玉玺上的高浮雕，也有玉具剑上高浮雕、浅浮雕相结合的形式。由于汉代的浮雕内容题材多选取夔龙、蟠螭、辟邪等所谓神兽，着力表现出神秘感和气势，所以风格上无一例外地也体现出既富装饰意味，又具雕刻精细的特点。

第三章 构思奇巧——玉器工艺

唐宋时期浮雕的运用也很广泛，不仅在人物、动物题材内容的基础上出现了花草植物，更突出的是出现了新的浮雕雕刻形式，如唐代玉带板上多见的胡人伎乐浮雕，鉴于玉器使用的特殊性和对远视效果的重视，在处理上特别注重造型整体外轮廓的生动性、准确性，而局部细节以细碎写意的阴刻线来表现，疏与密、整与零结合得恰到好处，堪称使用玉石材料表现浮雕艺术的独创。而这一时期对花草植物的浮雕艺术处理，则注重了装饰性与写实性的结合，对变化丰富的枝干、花叶的压缩处理使浮雕形式感、层次感加强，开辟了别开生面、清新自然的浮雕艺术表现天地。

随着宋明以后审美世俗观念的深化，写实自然占据了玉石雕刻表现的主导地位，浮雕也同样受到影响。写实对浮雕技法形式的运用提出了更高的要求，主要是涉及了更复杂的浮雕压缩处理、轮廓刻划、光线变化、起物线的运用等技术与艺术表现问题。

玉图画、玉插屏、挂屏这些在明清时期出现的玉石雕刻新种类，可称为以浮雕艺术形式表现的代表之作。其浮雕既包括了人物、动物、植物花草的压缩处理，也有山石景物、亭台楼阁的压缩处理，但在这些画面上远近景观、主次人物等的层次透视和起物线的运用娴熟流畅，画面统一而丰富，从各方面都极好地解决了浮雕艺术的诸多问题，并体现了浮雕艺术的鲜明特点。

工具设备的改进也为明清浮雕的发展提供了有利的条件，这一时期不仅能在玉佩、玉器皿上看到雕刻很浅的浅浮雕、薄浮雕，还能在玉山子、玉佛像上看到凸起明显的高浮雕，大都浮雕底板打磨光洁，起物线转折自然圆滑，浮雕层次变化微妙，浮雕的艺术表现手法运用得尽善尽美。

减地隐起技法是浮雕艺术形式的发展基础，但减地隐起直观上仅仅是减低了纹样图案轮廓周围的底子高度，以形成高低不同的两个层面，产生出简单的凸凹光影效果，正如良渚文化玉钺、玉璧、玉琮上以减地隐起的技法琢制的图案，只是图案与底板的高低有别，局部以装饰化的线刻来丰富内容，还不能称作真正意义上的浮雕。

第三节
生动传神——玉器纹饰

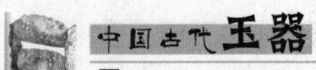

龙纹

我国古代玉器上曾大量使用龙纹图饰，并成为中华民族文化的象征。通过对历代玉器上龙纹图案的研究，不仅可以看到龙纹图案的发展变化，而且可以看到龙文化的发展演变过程。

最原始的龙纹是由蛇身和兽头组成，反映了以蛇为图腾的远古文化的特征。目前出土的文物中，最早出现龙纹图案的玉器，是从5000多年前的红山文化中发现的，被誉为"天下第一龙"。

在不同的历史时期，龙的形象是有一定区别的。

红山文化玉器中的龙纹，其造型除龙头外，身体基本为蛇的特征。这时的龙可能是一种图腾标志，在红山文化中，龙被设计成"C"形，尺寸大小不一，但制作工艺基本相同。

商周时期是奴隶制社会的鼎盛时期，也是我国古代文明的发展成熟期。据史料记载，夏、商、周时期王室的祖先都是黄帝的子孙，它们都以黄龙为图腾，龙的形象在制作精美的玉器中大量出现，此时龙文化得到空前发展，而玉器雕琢也进入了精巧高超的阶段。这一时期龙纹神秘和怪异的形象，代替了史前龙纹古朴的风格，在雕琢技术上也日渐完备。商周时期龙的造型多为张口露齿，二目圆睁如"臣"字的凶猛威武形态。"臣"字眼是商代龙纹工艺的特殊眼形，龙首顶部有两个粗而短的如同蘑菇状的龙角，龙身上刻有重环纹、菱形纹、云纹等纹饰，并根据需要将纹饰用于龙体不同部位，使龙

第三章 构思奇巧——玉器工艺

龙纹鲜卑头玉器

具有威严庄重的视觉感。

商周时期的玉龙出现了龙角，其尾部变化也较大，往往背上雕出锯齿形凸背，有时设计成四足爬行兽类形状。这时纹饰琢磨工艺大多采用双钩线，琢磨工艺精细。

春秋战国时期，是我国玉雕史的高峰期。战国时期盛行组合佩玉，玉龙的制作更加盛行，无论造型、纹饰以及工艺水平都较以前有新的突破，同商周时期的龙迥然不同。此时龙首较小，龙角设计成耳朵形状，脑后还有一长角，眼睛多为圆形或椭圆形，嘴部较长而上翘卷曲，多数呈弧形微张形态，也有大张口并露牙的造型，龙身修长并卷曲，呈"S"形，也有回首蜷曲龙身的造型。此时的龙身布满蒲纹、云纹，雕琢精致细腻，显得华丽神奇。战国时期的玉龙，多数没有四肢，只有少数出现肢体，呈爬行兽类模样。此时采用阴刻线装饰龙尾，较从前有较大区别，战国时期的龙体风格豪放，翻卷奔腾，如箭在弦，充满了活力；战国时期龙首造型有具象形、抽象形和概括形数种。这一时期又出现了龙虎合体造型，例如：虎体、龙首、龙角、前后肢有龙鳞纹、虎形爪、虎形尾；虎体、龙首、身上有虎毛纹，四肢有龙鳞纹，爪尾为虎形；虎形，周身刻龙纹。

汉代龙的特点是气韵生动，其造型特点是龙首瘦长，头有长角，巨口大张，一直开到颈部；龙体有几道弯儿，蜷曲幅度较大，四肢有如爬行动物支撑着整个躯体，并有一条蛇状长尾在身后拖着；龙首和龙体都用细微的阴线刻划出五官及肢体的重要部位。这一时期的工艺精细、做工讲究，不失汉代风韵。

汉代早期的玉器中使用最多的纹饰是龙纹，这一时期玉器上的龙纹和战国时期玉器上的龙纹有些相似。中晚期龙首变长，嘴开张的程度与头的长度相同，龙角卷曲，有竖直向上的，也有伸到后面的，龙身是用阴线勾勒出来的，各部位轮廓清晰素雅，装饰不如战国时华丽，但体态比战国时雄壮。龙身多为卷曲形，前肢支撑，后肢或直立或弯曲，张口露齿，昂头翘尾，健壮有力，显示出势不可挡的威力。

汉代龙纹的形状颇多，有侧面兽身造型的，这种纹饰与后来的麒麟相似，龙身与兽身相似，并将兽身拉长，有些龙身还饰有鳞片，还有正面龙首纹和侧面龙首纹等纹样。侧面龙首纹为最多见，其特点是口唇变长，上唇上卷或上翘，龙口微张，额头突出，高直向前，头顶上有一角呈弧状。正面龙首形式为螭头，下唇极长，整体呈长方形轮廓，另外还有蛇身龙纹，其龙身细长卷曲，有一后蹬状龙足。总之，汉代的龙纹，经过几个时期的发展变化，已形成有角、有尾、有四肢，并有面部表情，威武雄壮，与传说中的神龙越来越靠近了。

魏晋南北朝时期龙纹玉器几乎未见出土，从当时石刻壁画等工艺品中所见到的龙纹，表现得更趋写实。此时龙纹头部生有双角，颈部前曲，并有发毛飘于脑后，龙体布满鱼鳞纹，体态稳重矫健，四肢暴筋露骨，刚劲有力，龙足有如禽类爪形状，前肢刻有飞翼，做欲腾飞状，整个造型潇洒奇特，神态雄健豪放，有漠视一切的不凡气魄。

隋唐时代的龙纹，与当时的繁荣盛世一样，充满生机，有勃勃向上的美感。其造型在继承前代龙形的基础上，变化突出之点是尾部盘绕卷曲，为盛唐时的龙纹造型打下了基础。

第三章 构思奇巧——玉器工艺

唐代玉器上的龙纹不多,但具有承上启下的作用,开创了龙纹新的造型、新的风格,后世的玉龙基本都是延承唐代玉龙的风格。

唐代玉龙的造型特点是:眼为菱形,目视前方,头上有两角,下唇向上卷曲,上唇长而尖,有牙并有四肢、三爪足、蛇形尾,尾部从一后肢穿过,做欲奔腾状。整个龙张牙舞爪,气势凶猛,在龙的首尾之间还精心琢磨出火焰状的宝珠。后世流行的云龙戏珠图纹,龙与火珠配合的纹饰始于唐代,随后极为多见。唐代玉龙将传统的各式玉龙的特点集中表现了出来,为中国龙纹设计出完美的形象奠定了基础。千姿百态的玉龙有盘旋升腾的、静卧直立的,也有昂首挺胸、泰然自若的,充分体现了盛唐政治稳定、经济繁荣、文化兴旺的盛世景象。

宋代龙的造型姿态优美,翻腾跳跃,变化多样,并常以花草、云朵、海浪、火珠等为衬托。人们对龙有了更完美的认识,将过去的龙形从那种凶猛威严的神兽,逐渐演化成可敬可爱的吉祥物,对龙的欣赏力得到了提高。传说中,龙有施风布雨的能力,是水中的神物,所以又将龙设计成飞天状。

元代的龙纹体态与前代有所不同,其造型是头小颈细,四肢矫健,嘴长且卷曲,头上的毛发长而稀,随势后飘,龙体造型为向上升腾翻飞,粗放洒

宋代龙纹盘

脱，充满神力。龙的身体虽不如唐代粗壮，但神形中蕴藏着威严的气势。

明代的龙纹，与唐代比较变化很大。明代龙首较大，眼睛直视，显得有些呆滞，鼻子为如意云纹形，大而且向上翻卷，鼻两侧出现两条龙须，向上伸展，如纤细的毛发一般向上、向前飘动。身体如带条状，并刻有菱形纹、斜方格纹等。尾部以云纹装饰，龙爪呈球形，整个造型在气势上与前朝的龙纹相比大为逊色，而且身躯僵化，缺少活力。

清代乾隆年间是玉器发展的鼎盛时期，这一时期的玉雕工艺汲取了历代技术的精华，创造出许多灵巧逼真、别具一格的玉雕工艺珍品。清代玉龙恢复了原始健壮的体态，身躯粗短，弯绕扭曲。但由于清代雕琢工艺过分注重技巧和描绘方面的细腻，使龙的气魄不能充分表现出来。清代龙的特征是：头部描绘得精细繁杂，头盖骨高高隆起，毛发密而散乱，脸、口、眼、鼻刻画磨琢得细腻光洁，龙爪伸张，但无力无神，缺乏生机。

中国龙文化，历经数千年的演变，不断的变化和丰富的形象记载着中国各时代的文化特征，向人们昭示着中华民族近万年文化史的发展历程。

凤鸟纹

随着龙纹的盛行，凤纹也日臻成形。凤纹是由古代鸟纹变化而来的，也是集大自然中各种优美鸟类形象的结合体，它也是民族图腾互相融合的结晶。

传说中凤鸟具有超人的魅力和神奇的风格。古代将凤鸟描画成一种威力无比而又神奇艳丽的鸟，并与中国传说中的龙相提并论，都是原始民族的图腾，具有一定的神秘色彩和象征意义。

人们在生活中总是将美好的事物加以赞扬和歌颂，凤鸟是人们心中吉祥的瑞鸟，为人们带来太平幸福。所以古人将其加以丰富的想象，设计出凤鸟纹，并将其作为古器物上常见的纹饰，直到今日仍被人们比喻象征美丽、富贵，并将其升华用以表示至高无上的爱情，表示幸福美满的生活，它也是现代工艺品中长盛不衰的吉祥图案。

由于玉质耐磨又不易腐朽，所以古代玉器中的凤鸟纹至今还清晰可见，为后人研究提供了素材，研究古代纹饰主要资源来自玉制品。

早期凤鸟纹源于7000年前的河姆渡文化中，当时就出现刻有一对神鸟图

第三章 构思奇巧——玉器工艺

案的象征器物。其上的两只鸟昂首相背，鸟的形象逼真且富有生机，但造型很简单，与现代凤纹也有差异。当时的鸟纹应该说是带有一种原始神秘的巫术色彩，并不是现实生活中的实物。随后仰韶文化中发现的彩陶上也有类似的鸟形装饰图纹，究竟是凤是鸟还有待进一步研究。而最早出现在玉器上的鸟纹，则多出现在红山文化、良渚文化和龙山文化遗址中。

红山文化玉鸟

红山文化玉器中，玉鸟、玉鹗比较多见，雕琢工艺比较简单，只用外轮廓表示图案外形，简单的凹凸刻线表示羽毛、眼、嘴等。当时鸟形玉器多为佩饰，是人们非常喜爱和供赏的灵物，但与后来出现的凤纹没有丝毫关系。而龙山文化遗址中却有许多出土的陶质小鸟，传说中此区域是鸟图腾的集中地。龙山文化中玉器上的鸟纹并不多见，传世品中只留下透雕鸟纹杯和鸟纹圭等。器物上的鸟多为向上冲飞的，如鹰一样的造型，头部高昂，凶猛矫健，反映出龙山文化先民们丰富的想象力和创造力，为后人留下优美神秘的艺术图纹。后来在良渚文化的玉璧、玉琮中，也发现鸟形纹饰，鸟的头、翼、身被变形夸张设计，鸟身体上刻有卷云纹、弧线纹，充满神秘感，可谓神奇之物。良渚文化除鸟纹图案外，还有一种色彩十足的独体圆雕玉鸟，鸟的外形为两翼外张，做展翅飞翔状；鸟嘴尖利，尾部粗短，并分别置于死者头脚两端，应有独特的寓意。总之，良渚文化中的鸟纹饰，有一种神灵之气，但它与河姆渡文化中的鸟纹乃至商代的鸟纹有无关联，还有待于考古学家的进一步探索和研究。

蟠螭纹

古代传说中的螭为龙王九子之一，其造型多呈蜿蜒、盘曲、攀缘匍匐状，称其为蟠螭或螭虎，与龙的外形相似，但无角，人们常称之为蟠螭，又因其面如虎，又称为螭虎。有人认为螭的原形是壁虎，但这一结论还有待于进一步探讨。

最早出现的螭纹是在陶器和青铜器的装饰图案中，螭在古玉器中的出现要比龙晚。春秋战国时期出现在玉器中的近似龙蛇式样的螭，是最早用于玉器上的螭的形象。战国晚期，螭纹在各类器具上的装饰越来越多，并逐渐发展成螭的形象，与龙蛇区分开来，成为独立的装饰图案。

我们目前所见到的螭纹，都是汉代定型后的形象。早期螭纹似龙而非龙。可看作龙家族的一个分支，有人认为螭蛇的原型，亦称螭龙或子龙。

螭纹造型多样，早期螭纹装饰图案为：一、短身，一首二身。一身有细鳞纹，另一身为束丝纹。每只螭有四足，每足有二爪。二、身形细长，两只螭上下缠绕，每只蟠有二足，每足有二爪，还有四蟠缠绕的图案，无肢足，螭身细长并有鳞纹。三、螭身呈一形，头部稍长并回卷，尖耳，嘴部凸出，额头为阴刻线装饰，全身有鳞纹，图案中的螭为三足。

蟠头造型，即由耳形螭纹与束丝纹组合在一起，是螭纹中最突出的特征，表现出螭的本性，螭为龙属，有利于农桑，这是传说与现实的艺术结合。

战国以前的早期螭纹，没有脱离蛇的原形，其造型变化不大，只是面部造型在不同时期有不同变化，甚至同一时期也会出现不同的造型，表现出螭在不同时期、不同姿态的创新发展的过程，并为后期螭纹日益规范，向兽类形转化创造了良好的条件和基础。

战国晚期的螭纹，其基本造型是：兽型头、圆瞪眼、方耳廓、眼角向上挑起，肢爪坚实有力，如同兽类形状，充满活力且气度不凡，具有很强的生命力。

汉代是螭纹发展过程中的成熟阶段，也是黄金时期。此时的螭纹是数量最多、质量最佳、工艺最美的时代，其形象也更为完美、具体和成熟，几乎取代了龙的地位，又与龙区分开来完成自身的演变过程，成为一种独立的神兽造型，有

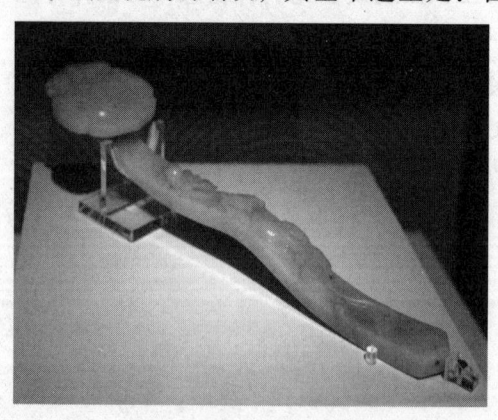

蟠螭纹玉如意

一种独特的、流畅活泼的神韵和美感。在云海、瑞雪中嬉戏、玩耍，形态多样，变化无穷。其头部造型越来越与猫和虎相似，身材也脱离了以蛇为基形的设计，趋向于凶猛的兽类，与虎融合起来，显得更加威武。

汉代螭的特征是：头部横宽，呈长方形或椭圆形，耳短向两侧横出，呈儿字形，也有叉式耳，两耳有如双叉竖于头顶，亦有环形洼耳，耳根部有圆形洼坑；螭眼有圆眼珠、阴刻水滴状、阴刻横线形、环形等多种，尾部较长，有两种式样，有分叉式，有二叉式，也有三叉式，其中主叉较长，另一叉向上卷曲在主叉旁边，有虎形尾，尾部粗长如虎尾饰有绳纹，端部向回卷起。汉代螭纹有以下几种形式：

（1）子母螭。由一大一小两只螭构成，大螭身体修长，小螭卧大螭旁，四目交错，犹如母子，给人和谐亲昵的感觉。

（2）虎形螭。头呈方形，身躯健壮，双目圆睁，颈部粗壮，肩部丰满，尾部较长，卷曲，不分枝。

（3）穿云螭。多以两只以上的螭纹做造型，它们或相对，或曲身相斗，出没于浮云间，盘绕嬉戏、奔腾飞跃、时隐时现，表现出活泼生动、威武、神秘的感觉。

（4）有羽螭。为带有羽翅的螭纹，脑后多数有角，无角螭纹很少见，是受当时盛行的羽人、羽兽的影响而设计的。

（5）独角螭。造型如兽形，身体健壮，脑后长有一角，角的造型多种多样，汉以后较为常见，并成为螭纹的规范形象流传于后世。

明清时期，螭纹又开始兴盛，几乎达到无处不在的局面，当时所有玉器的装饰都离不开螭纹装饰，为明清玉器增添了绚丽的光彩。此时的螭纹已失去了作为图腾的原始含义，人们对它已没有崇拜和敬畏之感，而成为一种怀古恋情的吉祥物，为明清时主要的吉祥图案。

鹿纹

鹿纹是古代玉器中流行的一种动物纹饰，鹿在古人心中是一种仁善、祥瑞之兽。古代玉器中鹿纹图案极多，造型丰富多彩、千姿百态，有奔跑在深山绿野中的，有漫步于林间河边的，也有静卧站立、吃食的。各种优美动作被雕琢得生动可爱，特别是唐朝以后，鹿纹图案越来越多，唐、宋、辽、金、明时期，鹿的纹饰作品造型，特征风格很相近，一般为四肢短而细，腿僵立，身体笔直，头多为长方体，短尖尾上翘，眼为榄形眼，眼球外凸，小耳，耳上有较浅的凹槽。

鱼纹

鱼纹是我们的祖先熟悉、喜欢的一种装饰图纹，由于它的形象简单，描绘雕琢也比较容易，所以早在仰韶文化玉器中就有鱼纹装饰花纹出现。最早用于玉雕的鱼纹，是在红山文化和良渚文化中发现的，这时鱼纹造型简单，只是鱼形，无其他装饰。商周时期的鱼饰玉器出土量大增，其造型很简单，大多为长条形和半圆形，并在头部两侧琢有非常明显的大圆眼，身体上没有什么装饰图案，只在腹背部用短阴线刻划出鱼鳍，在头部或尾部有一小孔以便穿线、佩戴。

鱼纹玉璧

第三章 构思奇巧——玉器工艺

鱼是玉器中重要的饰物形象，宋代的玉带钩中就有不少呈鱼形的饰纹，其整个造型为细长鱼形，鱼背鳍短而呈锯齿形，鱼尾分两部分，一部分向上翻，做钩头，鱼身布满鳞纹。带钩的鱼尾造型为典型的宋代风格，鱼鳃中间向下凹也是唐代鱼纹的风格。宋代鱼纹基本特点：身形一般比较古朴，有鳞鱼略显僵硬，无鳞鱼为长身，后半身回弯，体形活泼。嘴部用阴线刻琢出，鱼身、鱼嘴与头部用一道很深的槽线分开，鱼鳃部位，有一长阴刻弧线，自眼部或略高于眼帘下；鱼眼为小圆坑，圆环眼内一道弧线；鱼鳞多为细阴线风格，也有半圆形鳞片；鱼鳍多为锯齿形，每一层上有一小阴线，腮鳍为阴刻直线；鱼尾为扇形或两歧形，扇形尾部略有扭折，表现灵活，尾部有细长均匀的直线，边缘呈锯齿形，两歧或鱼尾如人字分开，并有细长阴线刻于其上。

汉以后，鱼身上的鳞纹花样越来越多，有蒲纹、斜格纹、米字纹、鱼鳞纹等多种。宋元以后，玉器上的鱼纹又常与周围的荷花、水草等植物共同出现组合一体，并且造型也越来越深入写实，雕琢工艺日渐精细；并将鱼寓意为"余"，成为人们生活中不可缺少的吉祥之物。

知识链接

广东四大玉器市场

广东省广州市自从清朝康熙年间重新设立海关后，就一跃成为全国珠宝、玉石进出口的贸易中心，在道光年间，已经建有玉器生产六大行头，行头各自有机分工，像是"昆玉堂"专营玉料，"崇礼堂"专业开料，"裕兴堂"专司管理玉业以及摊档摆卖。1929—1936年间，广州玉琢六大行头的从业人员竟然高达1万余人。自20世纪50年代起，广州玉器又有了新的进展，品种有首饰、花鸟、走兽、器皿，特别以首饰与透琢立体装饰摆件最为出名，透琢的虾笼、鱼笼、蟹笼、佛塔，晶莹剔透，妙趣横生；多层镂空玉球，每一层都是精琢纹样，每一层玉球都可以转动，技艺极为精细，

131

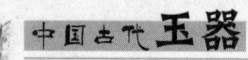

风格尤其独特。南方玉雕工艺厂制作的18层岫玉《吊链双狮子母球》荣获1978年颁发的科技大会奖，14层《敦煌飞天佛球塔》如今被珍藏在中国工艺美术馆。自改革开放以来，在广东形成了广州、阳美、平洲、四会四大玉器加工基地以及贸易中心。

蝉纹

　　古代玉器中还有一种图纹是常见的，也就是指蝉纹，数量众多，使用非常普遍，沿用时间也较长。蝉之所以受到很多人的喜爱，并且从远古时期一直延续至今，除了由于其形态美之外，主要是因为它具备美好的象征寓意。古人经常将蝉形玉器做琀，让死者含在口中，因为蝉可以脱去躯壳，用一种新的生命再现人世，并且变化后再次进入更高新的世界中，这是其他动物无法企及的特性。人们把蝉的这种特性寄寓现实中，把蝉形玉琀放到死者口中，象征幻化，祈求灵魂再生，因而佩戴玉蝉，代表着高洁，不同凡响。

　　玉蝉的造型非常简单，早期的玉蝉仅仅是雕出形体，战国之后，才开始利用阴刻线将蝉的头部、腹部以及翅膀部位仔细刻出。两汉时期，玉蝉的外形线条看上去极为简单，不过工艺十分讲究，形体像是舌状，玉质细腻洁白，大多数为羊脂玉材质。明清时期，玉蝉数量非常多，做工更加精益求精，写实形象，大多用于佩戴饰物。

第四章

独领风骚——玉器文化

发源于新石器时代早期而绵延至今的"玉文化"是中国文化有别于世界其他文明的显著特点。中国人把玉看作天地精气的结晶,使玉具有了不同寻常的意义。取之于自然,琢磨于帝王宫苑的玉制品被看作是显示等级身份地位的象征物,成为维系社会统治秩序的所谓"礼制"的重要构成部分。同时,玉在丧葬方面的特殊作用也使玉具有了无比神秘的宗教意义。本章我们将与你一起探究中国古代独具特色的玉器文化。

第一节
玉器之美

材料之美

《说文解字》曰："玉，石之美，有五德。"杨伯达先生认为"玉之美的发现者应是寻找玉石、打造玉石器的人，这两件事起初往往由一人承担，他们在寻找和磨制玉石工具当中逐步发现和领悟了玉之美，并形成了玉之美感和概念。"从目前考古资料来看，新石器时代古人对玉的认知已具相当高的水平，红山文化、良渚文化、龙山文化以及其他史前文化遗址所出土的玉器，经检测鉴定，均属矿物学中透闪石玉材。

透闪石，无色，是一种含水和氟的钙镁硅酸盐，其成分不含或含铁量很少，硬度为6～6.5。因其单晶多做纤维状细密交错的聚合，故其质地均呈现出温润细腻的半透明感。我国新疆和田玉是世界上最好的透闪石玉料，常见的颜色主要有白、青、黄、碧、墨等。大约从新石器时代晚期，优质的和田玉便开始输入中原，春秋战国尤其是汉代之后，和田玉更成为帝王贵族千方百计索求的宝物。到了清代，由于乾隆皇帝爱玉成癖，从而使和田玉用量达到历史高峰，每年仅宫廷用玉就达几十吨，为当时玉器制作提供了优良的材料。

由于和田玉料质地细腻，光泽柔和而不绚丽，通体呈现出一种含蓄而柔和的美感，所以古有"君子比德于玉"之说，甚至将玉人格化。《礼记·聘义》子贡问孔子曰："敢问君子贵玉而贱珉者，何也？为玉之寡而珉之多与？"孔子曰："非为碈之多，故贱之也；玉之寡，故贵之也。夫昔者，君子比德于

第四章　独领风骚——玉器文化

玉焉；温润而泽，仁也；缜密以栗，智也；廉而不刿，义也；垂之如队，礼也；叩之，其声清越以长，其终诎然，乐也；瑕不掩瑜，瑜不掩瑕，忠也；孚尹旁达，信也；圭璋特达，德也。天下莫不贵者，道也。诗云：'言念君子，温其如玉。'故君子贵之也。"在这里孔子根据玉的物理属性和社会需要十分巧妙地将融天地之精华的宝玉，赋予了十一种德行，从而使玉发展成为一种具有伦理政治价值观（孝亲忠君）的"德"化玉，成为真善美的载体和化身。

除了孔子的玉有十一德，还有管子的"玉有九德"、荀子的"玉有七德"等说法，其核心内容也多以孔子提倡的仁义道德为基础。到了汉代，"独尊儒术"使"玉德"理论得到进一步提炼和强化。许慎《说文解字》释玉曰："玉，石之美，有五德者，润泽以温，仁之方也；䚡理自外，可以知中，义之方也；其声舒扬，专以远闻，智之方也；不挠而折，勇之方也；锐廉而不忮，洁之方也。"其意即为"具有温润的色泽，犹如君子的仁德；表里如一，毫不虚假，犹如君子的义德；敲击时声音舒扬悦耳，传播到远方，犹如君子的智德；宁碎断而不弯曲，犹如君子的勇德；切磨的棱角方正而不伤人，犹如君子的絜德"。由此可见，当时古人极为重视玉的质地与特性，尤其是和田玉中的羊脂白玉，备受古人的喜爱推崇，成为品德高尚、心灵纯洁的象征。同时，我们也不难看出，在玉的众多自然属性中，温润是其突出的特点，这一点正与中华先民追求的仁善谦和等道德准则和民族性格相吻合。如此一来，玉之美与人之美有机结合在一起，以象征仁爱、友善、和平、和谐。

工艺之美

优美的玉料令人心醉，精湛的工艺更加令人赞叹。历史上无论哪一件玉器作品，都是工艺大师用心血和汗水浇铸而成，都是琢玉工人聪明智慧的结晶。有时为了琢制一件玉器，成百上千的人为之操劳、奔忙，如故宫博物院收藏的"大禹治水玉山"，从选料设计到最后刻字完工，全部工程用了整整十年时间，耗费银两更是不计其数。除此之外，即便是琢制一件小型玉器，也要经过艺人们反复思索勾画，根据材料限定的条件进行精心的设计和琢磨，才能完成。因此，一件成功的作品，不但需要有工艺师高超的工艺技巧，而

中国古代玉器

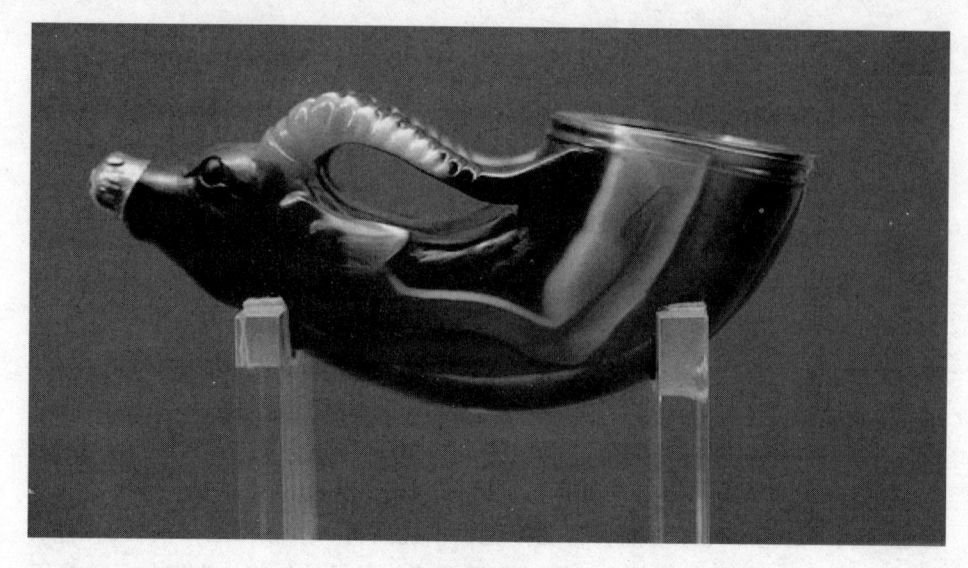

ZHONG GUO GU DAI YU QI

古代玉器

且还要有艺术家的思维和创作才能，可以说，它是一种脑力劳动和体力劳动的完美结合。

玉器的工艺源于石器的制作，但又有别于石器，并较之石器更加细致、复杂。首先要选材，因为只有选材得当，才能加工出好的玉器。其次要设计，玉器的设计必须绝对服从材料本身所给予的特定条件，尽量使作品成为材料美和造型美的有机结合体。其次要琢磨，这是玉器制作最关键的一环，也是玉器制作最独特的技术。工艺大师们必须根据设计要求，通过砣具实施切割、勾撤、去地、钻孔、镂空等各种工艺，一点一滴地细心琢磨，从而达到器物造型逼真、形象生动的艺术效果；最后则是抛光，抛光是为了使玉器更加光亮，但绝不能有丝毫损伤、破坏玉器造型和纹饰的现象出现。清代李澄瑶所著《古玉图说》曾记载了当时制玉的全过程，从备料到成型大致要经过十三道工序，同时由于玉料质地坚硬，而且韧性较大，所以玉器制作工艺的艰难程度，是其他材料不可同日而语的。

中国玉器工艺经过数千年的发展创新，到了明清时期，逐渐形成了以京作（北京）、苏作（苏州）、番作（西域）为代表的区域玉作风格。此外，因色施艺的巧作玉器，更为玉器工艺增添了绚丽的光彩。

第四章 独领风骚——玉器文化

1. 京作

京作是以北京为中心的玉作工艺风格，也可以说是北方玉器工艺的代表。京作玉器造型浑厚、庄重，圆雕和浮雕的作品较多，图纹工艺亦比较复杂。如故宫博物院收藏的各类仿古玉和时作玉，均呈现出一种高贵典雅的气质和悠然洒脱、落落大方的京城风貌。尤其是动物形圆雕，无论是兽类，还是禽类，大都丰满圆润，刻画得敦实健壮。器皿类则较为厚重、平稳。虽然有时也作花草缠绕、盘根错枝的艺术处理，但仍不失其纯朴、端庄的地方特点和舒展开朗的北方风格。

2. 苏作

苏作是指以苏州为代表的玉作工艺。明宋应星《天工开物》曾载："凡玉由彼缠头回或溯河舟，或驾橐驼，经庄浪入嘉峪，而至甘州与肃州。至则互市得之，东入中华，卸萃燕京。玉工辨璞高下定价，而后琢之。良工虽集京师，工巧则推苏郡。"显而易见，在明代，苏州的琢玉工艺，已被推为全国之首。而著名的明代琢玉艺人陆子刚，就是苏州玉作高手之一。

苏作玉器一般以小件较多，图纹则以江南景色和文人画为主，工艺精细，精巧玲珑。据载，道光年间，苏州著名琢玉艺人徐鸿，除善琢小件玉器外，又精于雕镂象牙，其能以一寸大小的象牙，雕成葫芦和桃实，宛然如真，技艺之纤巧，令人叹为鬼斧神工；另一艺人朱宏晋，能在玉石、象牙、玳瑁玛瑙、螺壳等薄片上，雕成极精细的花鸟、楼台、亭桥、山水等镂空图景，生趣盎然、惟妙惟肖。从而可知，苏作玉器极其擅长一个巧字，它多在小料和简单的造型上，利用镂空、勾撤等工艺，施展自己的才华，发挥自己的特长，把人们常见的事物、景物、描绘琢磨得栩栩如生，具有轻柔温和的江南情调和优美俊秀的瑰丽风貌。

3. 番作

番作亦称西番作，是指中国西部边陲及其接壤邻国的玉器制作工艺。主要包括北印度、西巴基斯坦和阿富汗东部等地的玉器。由于该地区与中国内地在宗教信仰、生活习俗等方面都有着很大的不同，所以玉器的制作，带有浓郁的异国情调。

乾隆年间，番作玉器开始进入中原，并受到了皇帝的青睐，从此，番作玉器渐兴。其工艺一般都比较规矩、精巧，造型多为盘、碗、盒等生活日用器皿。特点是壁薄如纸，晶莹细润，装饰手法常常以镶嵌为主。大多玉器的表面，不仅有嵌金、银丝，贴金箔，而且还嵌有各色宝石和玻璃等，从而使温润的玉器更显得华贵和绚丽多姿。同时器面上的花纹多以饱满丰厚的西番莲为主，别开生面，让人耳目一新。

4. 巧作

巧作，也称俏色。它是玉工依玉材之自然色泽纹理，巧妙地加以设计运用，施以适合玉材的琢磨技法，从而使作品的造型与颜色达到自然完美的艺术效果。

据现有的资料可知，早在商代，古人就已经比较熟练地掌握了这种工艺技巧。如安阳殷墟出土的两件玉鳖，便是利用材料黑白色泽的不同而精心设计琢磨出来的巧妙（俏色）之作。唐代以后的巧作玉器更加成熟，何家村出土的玛瑙牛首杯、元代的秋山玉、清代的"桐荫仕女图"、台北故宫博物院收藏的翡翠白菜等，均称得上是绝世精品。

由此可见，中国玉器工艺，既是一种具有浓郁东方艺术特点的特殊工艺技术，又是数千年来中国人聪明智慧的体现，它那巧夺天工的技巧和所饱含的那种妙不可言的、动人的生活情趣，使中国玉器艺术更加动人心弦。

嵌金玉器

第四章 独领风骚——玉器文化

内涵之美

中国玉器之所以深入人心并一直延续发展至今，使炎黄子孙爱玉、贵玉传统经久不衰，究其原因，除了玉器材料本身的魅力外，更重要的还是人们所赋予它的种种文化意义，使其从深层次迸发出内涵之美的灵光。主要表现在以下几点。

1. 玉是宗教神灵的象征。古人认为玉是山石之精，具有灵性，并视作神物。自长期以来，人们不仅使玉器在原始宗教中充当着沟通人与神的角色，用来祭祀天地山川、祖先神灵，而且还深信玉具有祛疫辟邪、攘除灾祸的特殊功能。因而，古往今来，玉器一直是炎黄子孙的保护神，同时也成为庇佑自己生命的灵物、护身符，生前随身佩戴，死后也要与它相伴。由此，佩玉辟邪的观念，也深深地根植在中国人的心底。

2. 玉是政治权力的象征。随着阶级的出现，中国玉器又被赋予了新的含义，并形成了系统的用玉制度，即根据玉的品类、尺寸、纹饰、色泽、质地、数量等来体现其身份的高低，进而使玉成了一种明辨贵贱、标志地位的象征，深具权力和政治的意义。考古资料显示，凡有精美玉器出土的墓葬，皆是身份地位显赫的贵族大墓。一般的平民百姓墓葬中，不见或少见玉器制品。

3. 玉是人格道德的象征。玉在传统文化中，一直是儒家思想中美德的体现，"玉之美，有五德者"奠定了儒家用玉的理论基础，成为君子为人处世、洁身自爱的标准，所以历代都以佩玉为时尚。无论天子还是士庶，皆把佩玉作为人格完美、品德高尚的象征。以至战国时期的《王度记》曾曰："王者有像君子之德，燥不轻，湿不重，薄不桡，廉不伤，疵不掩，是以人君宝之。"

4. 玉是珍宝财富的象征。由于玉的质地优良，产量稀少，所以自古以来就被视作珍宝。商代甲骨文的"寶"字，即为屋内藏有贝（货币）和玉，战国时期关于和氏璧的记载，更加说明了上好的玉器在人们心中的地位和价值。众多资料显示，玉不仅在宗教、政治领域具有重要作用，而且在经济领域也具有极高的地位。管子曾曰："珠玉为上币，黄金为中币，刀布为下币。"由此可见古人对玉器的珍视程度，同时，玉之为宝的这一观念，不仅刺激了玉器的发展，而且在古代社会的政治交往中也发挥着极为重要的作用。

5. 玉是吉祥福瑞的象征。中国玉器不仅质地优良，而且内涵丰富、寓意美好。特别是明清时期，大多作品"图必有意，意必吉祥"。有的反映了古人得道升仙的思想，有的体现了企求再生的观念，但更多的则是表达了人们对美好生活的向往和追求，即吉祥的祝福。如大猴背上爬一小猴，寓意为"辈辈封侯"；莲花与鱼合雕在一起，则为"连年有余"。此外，那些丰富多彩、包含吉祥寓意的图案画面，如喜上眉梢、松鹤延年、五福捧寿、五子登科等，更是道出了人们企盼吉祥、憧憬未来的思想感情。在这里，它们不仅是一种装饰，也是一种心灵的写照，同时还流露着美好的愿望和乐观的情绪，具有无言的魅力和一切词句均替代不了的功能。可以说，它带着社会的和声，凝结成谐音、符号、象征等中国特有的吉祥寓意性的艺术语言，使创作者和欣赏者从中得到享受和满足，并跃出造型和画面，进入到一个更立体、更饱满、更充实的世界。尤其是当玉器步入百姓之家并与乡土文化紧密结合后，它更加成为一种富贵平安、吉祥如意的象征物了，从而使得尊玉、爱玉的传统观念深植中国人的心里。

妇好墓出土的玉戈

《考工记》曾载："天有时，地有气，材有美，工有巧。"其中材美工巧一直成为古人乃至今人治玉的原则，并取得了惊人的成就。纵观历代玉器作品，尽管它们各自的功能不同，形制也有差异，但皆以灿烂的光芒照耀着玉器发展史的每一篇章。那坚密细润的材料，别具一格的造型，精湛卓越的技巧，怎能不令人迷恋赞叹，拍手叫绝？

此外，中国玉器的装饰图纹同样也显露着历代玉工的聪明才智和创作能力。器物画面上无论是几何纹、自然写实纹，还是抽象的神话动物纹等，均表现得笔触灵活、线条生动，简练中蕴含着丰富的意趣，矫健中表现出生动

第四章 独领风骚——玉器文化

的灵性，得心应手，挥洒自如。然而，中国玉器所引起的美感，并不仅仅来自形式，主要应来自构成它的特定因素，即人的因素。是人赋予了它种种的思想观念和文化内涵，这样才使得天才的艺术大师们把自然美、精神美巧妙地汇集于一体，把人文观念与社会功用渗透于玉器之中，把博大精深的民族文化含蓄地综合体现在平凡的艺术作品里。同时也正是这种比自然物象更生动、更有魅力的人文观念，使人们在领略和玩赏中，从心底激起一股精神，激起一种比生活更加色彩斑斓的憧憬，并诱发出希望和情爱。也就是说，玉器之美，早已超出了单纯的造型、工艺和材料之美，它是一种再生的美、升华的美。它不但博得了人们对玉器不可割舍的爱，而且也显示出动人心魄的艺术魅力。

知识链接

北京玉业鼻祖丘处机

丘处机（1148—1227），字通密，号长春子，山东登州栖霞县人。金元时期，道教全真派创始人之一，与马丹阳、谭处端、王玉阳、刘处玄、郝大通、孙不二等同称"北七真"。

据北京工艺美术界老艺人相传，丘处机有卓越的琢玉工艺，他在主持北京白云观时，就亲自带领徒弟们琢玉。根据这个传说，后来北京玉石行业就尊崇他为玉业鼻祖。但是，人们从文献上没有发现丘处机在这方面的记载。

第二节
玉器的神秘力量

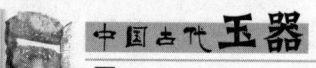

图腾崇拜

从新石器时代开始至今，玉器一直作为人们最贴身、最珍贵的器物存在着，这不能不说是一个传奇，而究其原因主要是玉对人体有着神奇的功用。

在古代，人们认为玉是一种神异的物质，具有昭示祥瑞、驱除邪恶、有利人生的奇异功能。人们觉得玉在天地之间生成晶莹剔透的形体，是因为它吸收了山野之间的天地之气，因此具有神秘莫测的功能。所以如果山中有了玉，就会使阴阳协调，树木生长，使自然界充满生机；而水中有了玉，水则会源源不断，永不枯竭。另外，玉异于寻常的光泽也增加了玉的功用的神秘性。古代相传玉能发出一种特殊的光泽，这种光泽在白天不易见到，夜晚则可照亮方圆数尺之地，这种光泽是妖魔鬼怪最怕见到的，因此历代皇帝常持笏以示威严并保健康，平民百姓也喜欢佩戴玉器以求平安，所以中国民间有玉能辟邪保平安的传说。不过，这些都是在古代科技不发达情况下，人们对玉器的精神寄托。

作为礼品或礼器

在中国古代，人们赋予玉以祥瑞的象征，将玉制作成各种形状的器物，作为祭祀、朝享、交聘、军旅等礼仪活动的玉器，即玉礼器。除此之外，可作为馈赠亲朋好友的礼品。至今为止，这种象征意义仍广泛存在。

神奇的良药

现在测试出天然玉中含有硒、锌、镍、钴、锰、镁、钙等30多种对人体有益的矿物元素，经常佩戴玉，可起到按摩作用，从而促进人体血液循环，帮助人体提高免疫力。这样的功效，早在明代时期《本草纲目》中就有记载。在书中，李时珍对玉器的神奇功效有详细的叙述，他说玉有除胃中热、喘急烦懑、滋毛发、滋养五脏、柔筋强骨、止渴、润心肺、助声喉、安魂魄、利血脉、明耳目等疗效。

另外，因为玉器圆润丰泽，古人赋予玉君子的美德，经常佩戴玉有助于提醒自己注意品性的修养。

第三节
魅力独具的艺术造型

生动的人物造型

以圆雕表现人物在中国古代玉石雕刻中时间跨度大，在雕刻手法、雕刻形式、艺术风格上形成了两个重要的时期。

1. 原始至秦汉时期人物造型

秦汉之前历经原始社会、奴隶社会逐渐发展到封建社会。这一时期正由蒙昧走向文明，原始时期、商周的祭祀、宗教、礼仪文化和秦汉的迷信、谶纬观念，整体上其发展是和生产力水平实际状况相适应的，极大地影响着社会审美思维。因而在艺术上便形成了神秘主义、理想主义的风气，体现出写意化的特征，主要体现为：

其一，原始时期、商周至秦汉，圆雕的人物动态、表情单一，立式及跪式成为主要的造型。结构比例也不甚讲究，人似乎只是表现外在的形象符号，从动态神情上看不出明显的人物思想和生活状态。这一时期人的自我意识尚在觉醒阶段，人的现实生活往往被寄予虚无的神的世界，甚至生命也由神灵、祖先所主宰。对于原始社会拥有财富、控制祭祀权力的氏族首领，商周以后阶级社会中掌握绝对统治权的上层统治者来说，对于玉的使用实际上在起到强化加深这一观念的作用。因此，玉石上雕刻的人物其目的重在其中隐含的某种意义而非塑造雕塑艺术本身。

其二，原始时期、商周及秦汉的人物圆雕，在具体人物形象刻画上以雕刻整体为主，细节为辅，在突出人物动态、结构、体积的基础上以不同形式的线刻来表现、丰富局部。

商周之际，玉石雕刻使用的主要是竹木、铜等不耐磨损的工具，琢制较大的块面体积尚可，却不易对较细致的造型进行深入琢磨。而艺术观念上的写意化，特别是由于重视形象含义的表达，对能够体现生活化的服装、道具、表情等因素，都不在着力刻画的范围，因此，玉石雕刻尽量简化和形式化。殷商妇好墓出土的玉人和汉代著名的玉翁仲即是具有这种鲜明特点的圆雕人物造型。

妇好墓中的玉人，通过简练的块面结构雕刻出了人物很强的体积感，人物动态虽然略显呆板，但整体外轮廓和造型却很坚实而突出。除了发冠及五官的口鼻之外，其他的服饰装束、眼眉均以线刻来刻画，并且刻线融入了商周时期特有的云雷纹、回纹，甚至抽象的兽面纹，使人物形象既整体饱满，又有丰富线刻装饰，线刻、造型的结合自然而和谐。

汉代的玉翁仲运用的同样是线刻与整体造型相结合的手法。在小不盈寸的人物圆雕造型上，外形琢出头部与宽袍，细节局部则以酣畅淋漓的汉代特有的"汉八刀"手法琢出胡须和宽袖，整体大气而富意味。粗线条的阴刻线与简洁的块面体现的并不是技术层面的水平，而是摒弃了雄壮的动态、威猛的表情表现主题的手法，仅以指代性的人物形象引起人们的想象，感受到其能辟邪消灾的意义，写意化观念对圆雕人物形象塑造影响深刻。

第四章 独领风骚——玉器文化

2. 隋唐至明清时期人物造型

隋唐时期，两汉之前理想化、神秘化的艺术观念渐行渐远，以表现生活、美化生活为主的艺术理念生根发芽，因此，唐宋至明清这一历史时期，人物圆雕在造型形式、雕刻手法及风格上也发生了根本的变化。这一时期主要的特点为以描绘现实为目的，人物圆雕的造型比例、体积结构以及细节服饰、五官动态均以现实中的人物为参照对象，人物圆雕的现实性、生活化特征大大提高。

故宫收藏的一件唐代青玉立人像，立人圆雕站立状，戴冠着长袍，双手合于胸前，造型与汉代的翁仲形象同出一辙。汉代的玉翁仲像只能简略看出整体的头身和粗线条琢出的局部，而这件玉人头型比例和谐，造型曲线流畅，服饰下的结构转折也很明确。不仅清楚地交代了服饰的交领、束带特征，而且衣纹贴体，随动态琢制，其至连衣带袖口都刻画有织物的装饰纹路和图案，对生活的观察和表现很细致入微。

唐宋以后，圆雕人物的写实性随着玉雕工艺技术的完备大大提高，已经可以对人物从造型到局部进行全面的深入表现，正如清代中后期玉山子上所琢制的人物，虽然形体不大，也并不作为主体人物形象出现，但人物的动态结构、体积比例、五官眉目、所着的服饰等无不细致入微，达到了圆雕人物形象写实刻画的新水平。

主要表现人物的浮雕在唐宋之前的玉石雕刻中不多见，这可能源于人物与所谓的夔龙、神凤相比，后者更可以极力表现出神秘、夸张的神性特征，以符合当时的政治思想、宗教理念。唐宋以后，写实主义带来的生活化艺术风气，开始将人物形象放在了一个重要的地位，为浮雕形式表现人物创造了契机，使得唐宋以后浮雕形式的人物形象在总量上大大超过了圆雕，同时也形成了自己的艺术特色。

明清时期的人物浮雕由于这一时期玉制器皿、文房玉文具、陈设玉器的兴盛而常常出现在玉瓶、玉壶、玉笔筒、玉山子之上，其中又以琢制于玉笔筒、玉山子的高浮雕人物成就最为突出。明清时期，玉制文具表面雕刻的浮雕，所取得的欣赏效果已经超过了其使用的功能，而玉山子更是以陈设欣赏审美为主要目的。因此，以人物为中心的场景内容、故事题材大为流行，其

145

中国古代玉器
ZHONG GUO GU DAI YU QI

玉雕摆件

人物通常以高浮雕雕刻，如故宫收藏的清代和田玉山水人物方笔筒，青金石观瀑图山子，翡翠人物山水图山子，画图中的人物不仅起物线高起，压缩的层次有意识地突出人物的头部，而且人物的五官形象已不像唐宋时期刻画得简单概括，其结构体积的起伏接近自然形态，人物形象处理符合整体造型的需要，在复杂的环境中明显地凸现出来。

总体来看，中国古代的人物造型玉雕，虽然在唐宋以后逐渐增多，但在总量上不如动物、植物花卉题材多，究其原因，除了中国古代社会政治、思想文化观念上的影响，还源于雕刻艺术中的人物造型塑造，对技法、工具、艺术处理的要求都比较高。特别是玉石材料，由于受到工具的限制，并不能像其他材质雕刻人物那样可以随心所欲，尤其是玉雕中不可或缺的打磨，对微妙的起伏处理更是具有一定的局限性。此外，玉石材料稀少而珍贵，常具佩戴、陈设欣赏的功能，因此形体上以小型化为主，为较为复杂的人物造型表现增加了难度。像《大禹治水图》玉山子这样倾国家之力，雕刻了丰富的人物造型，以人物为主表现宏大的题材的气势磅礴的玉石雕刻，在中国古代玉石雕刻艺术中毕竟属于少数。

丰富的动物造型

从红山、良渚、龙山等原始文化时期出现玉石雕刻动物造型开始，动物主题在中国古代玉石雕刻艺术中的地位就相当稳固。自商周延续至明清，时间长，数量众多，形成了洋洋大观的玉石动物雕刻艺术。

中国古代玉石雕刻如此偏爱动物题材，除了人与动物在大自然中长期相处，现实生活中动物与人的关系甚为密切之外，重要的原因还在于以玉石雕刻动物具有小型化的特点，既能体现出动物的可爱，可放于手中把玩欣赏，更在于其可以通过各种艺术处理及表现手法，充分发挥想象力，为其附加人类的一些特殊意识观念。

中国古代玉石雕刻塑造如此众多的动物造型，还与中国古代玉文化中对玉石材料的特殊认识有关，即认为玉虽属石质，但却是有生命的，是可以供给神类、祖先享用含有特殊精气的物质。这一点在上古玉文化中表现得特别突出。

1. 原始时期的动物造型

就玉石雕刻动物的数量和其所具有的地位而言，当属距今 6000～7000 年的东北红山文化、长江流域良渚文化和中原黄河流域的龙山文化时期最多最重要，其制作的玉石动物雕刻在中国古代玉石雕刻中也非常具有代表性。

原始时期的动物造型总体上主要以圆雕的艺术形式表现，在琢制手段非常简陋的情况下，采用的是趋向写意的手法。这从红山文化的玉鹰、玉鳖，良渚文化的玉龟、玉鸟、玉蚕蛹，龙山文化的玉螳螂等即可得以印证。如红山文化标志性的动物造型玉鹰，其结构比例与现实有很大差距，只是意向性地琢出了雄鹰展翅翱翔的特征，其他特征如鹰的双翅、尖喙、利爪、翎羽，无论从正视、侧视等各角度也都寥寥数笔点到为止，只具备大致位置，不做更准确的描绘。良渚、红山文化的玉龟琢制很多，虽然特别注重造型体积的饱满，但也只表现了龟的背、头、四肢，而其他更深入的细节均予以省略，尤其是这一时期琢制的玉虫蛹、玉蚕蛹，在饱满圆润的虫体上，其肢节往往采用数道粗深的刻线表示，均是通过对生活的细致观察、运用写意手法进行雕刻的典型。

虽然同属于圆雕写意的手法，原始时期玉石雕刻动物造型，由于审美视角的差别，采用的具体艺术手法亦大有不同。如良渚玉龟和红山玉龟，两者尽管都从整体造型上雕刻了龟的外部特征，但前者琢制细腻精致，并以龟背上琢制的非常工整的凸棱为中心线使造型完全对称，龟背、头部、四肢打磨光滑平整，外形轮廓线规矩而一丝不苟，显得轻灵秀致。而后者则特别注重突出体积，龟背的凸起和头部四肢在雕刻形体上粗拙，平面也不光滑，但却显得厚重生动，体现了两种地域文化特色。

尽管原始时期的动物造型主要采用的是写意的雕刻形式，对动物很多的局部特征没有做深入的刻画，略显简单、粗糙，但由于从大的方面注重了动物整体造型特征的雕刻，却也反映出简洁、概括的特点，加之长时间的手工琢磨，总体艺术风格生动、质朴、淳厚。

2. 商周时期的动物造型

商周是我国古代玉石动物雕刻最为发达的一个时期，仅从考古发掘看，

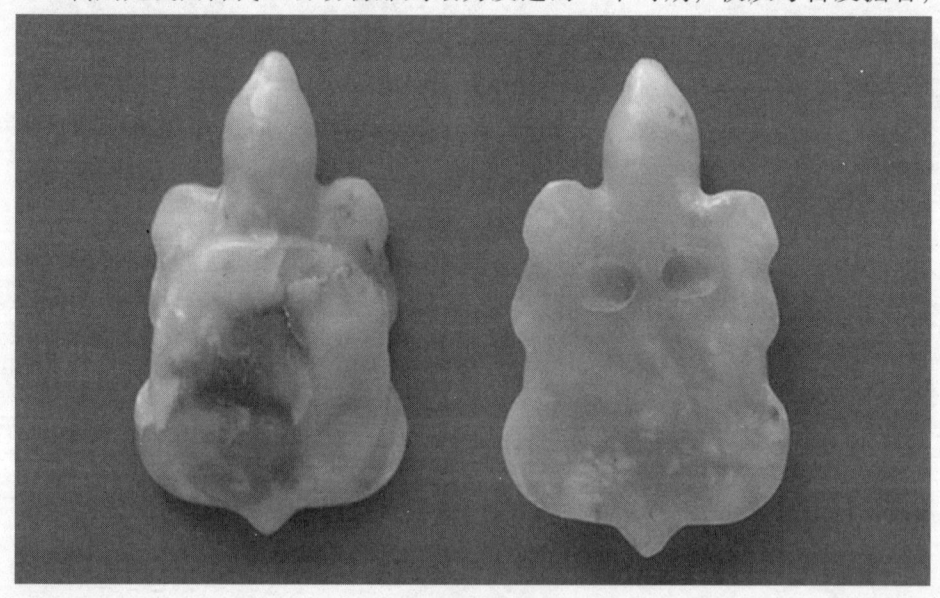

红山文化的玉龟

总量不仅超过了原始时期，而且其造型的特点也非常突出。动物的内容除了原始时期已有的鹰、龟、虫、鱼、鸟等，还包括了虎、熊、马、鹿、象、兔及多样的鸟禽，种类繁多。

商周时期的动物造型总体上延续了原始时期写意雕刻的手法，但融入了时代特有的审美观念，采用了写意圆雕装饰手法和写意平面装饰雕刻手法，雕刻艺术形式颇具新意。

商周动物造型装饰纹饰的特点，具体体现于在雕刻动物整体造型体积特征的基础上，以多样、富有装饰性的线刻达到美化丰富造型的目的。著名的圆雕动物造型如妇好墓出土的玉虎、玉熊、玉雏鸽，前两件通身以商代特别的双阴刻线琢满了云纹、涡卷纹，表现动物细节的线条也变化成同样的装饰纹样加以琢制，点明了结构特征及其转折关系，同时与其他的纹样相配合，装饰的效果很突出。玉雏鸽的装饰美感更加鲜明，其双翅收拢，仰头伸喙的动态配以肩头的大涡卷纹和羽翅纹，纹饰与造型结构的融合相当完美，能以线与形相配合使造型更加丰富，说明这一时期圆雕装饰手法达到了很高的艺术水平。

与圆雕的装饰相比，平面为装饰线的运用创造了更大的空间，如妇好墓出土的一件玉凤鸟，整体以片状的玉材琢制了一只头颈有羽冠，兼具长长美丽尾羽的凤鸟形象，造型突出了头与尾形成的形式感，中部琢制的阴刻线纹饰则装饰化地显示了头、身、尾三段侧面特征，使整个造型既典雅又生动。如果说这件凤鸟的装饰纹样还具有表明结构的作用，那么同墓出土的玉鹰以线刻纹样体现平面装饰性特征则更加凸显。这件玉鹰的形式感与红山文化的基本相同，都雕刻出鹰头、尾羽与展开的双翅，但在造型特征上，由于比例并未描摹现实，并且增加了细密的边齿和回卷纹，所以写意意味更加浓郁。更为突出的方面在于其装饰华丽的纹样，不仅线条工整，而且随形布置的勾连纹完全中心对称，将欣赏的目光从造型吸引至纹样装饰，装饰性的趣味显露无遗。同墓出土的以同样平面装饰性手法雕刻的此类动物造型还有玉鹤、玉鹅、玉鸟，等等。

3. 两汉时期的动物造型

中国古代玉石雕刻艺术发展到两汉时期，无论是雕刻内容、形式种类，

还是雕刻艺术手法都越来越多样。相对而言，动物造型已不像商周、原始时期在整个玉石雕刻中占主导地位，但是作为具有悠久传统历史的玉石雕刻题材，其在这一时期所体现出的新的雕刻艺术手法却特色鲜明、可圈可点。

首先，两汉继承了原始社会、商周时期写意的雕刻艺术手法，但随着社会思想文化进步而来的欣赏、审美观念的改变，使其逐渐向写实性发展，后期展露出写实主义的萌芽。

两汉时期，代表先进生产力的封建制度取代了奴隶制度，对自然的了解认知程度提高，但根深蒂固的神仙迷信思想观念仍未消除，反映在玉石雕刻上就是葬玉种类的兴盛。葬玉中的动物造型颇多，尤其是西汉，写意的意味也最为浓厚。玉蝉尚可看出雕刻的首、腹、蝉翼，而玉握猪则完全将动物的造型归为简略的圆柱体，只突出了猪鼻和点到为止的四肢。江西老福山汉墓出土的一件玉琀蝉和河北北庄汉墓出土的一件玉握猪，造型特征减省，细节只有蝉的头肩分界线和猪的双眼、鼻孔，似乎只剩下特定的名称可供人联想起具体的动物形态，写意特征发挥到了极致。

其次，两汉时期的动物造型以圆雕为主，继承了商周注重整体造型体积的刻画，但在具体的琢制手法上突出线面结合的特点，显得更加大气，饱满浑厚。

两汉时期，圆雕成为主要的动物造型雕刻形式，片状的平面装饰雕刻只在前期偶现商周遗韵。如广州南越王墓出土的一组玉佩中玉犀造型的璜，以平面装饰性塑造的动物形象，装饰线婉转流利，将线与结构特征结合，而且还琢有谷纹进行装饰，但由于流于形式偏重装饰，此种形式东汉以后渐少。与之相反，两汉圆雕动物却显出生机勃勃的气象。

两汉时期的圆雕动物承袭了商周体态饱满的特点，但在结构上的把握力求准确。外轮廓打破了商周的平直、简洁，而起伏转折自然多变化；结构特征上接

玉蝉

近现实动物，如上述的玉鹰，已不像红山和商周时期的最佳欣赏视角为仰视，而是琢出了鹰爪并使之立体化，从各个角度看都具有立体的效果和丰富的动态，圆雕立体造型语言的体现更加准确生动。

两汉后期，线面结合倾向写实的雕刻手法越发成熟，不仅动物的动态比例生动准确，而且增加了题材内涵的丰富性与趣味性，如江苏土山东汉墓出土的一件绿松石雕刻子母鸽，小鸽立于母鸽背上，母鸽做回首哺食状，形态栩栩如生，圆雕结构形式优美，妙趣横生。

4. 唐宋以后各时期的动物造型

唐宋以后，中国古代玉石雕刻动物造型已逐渐全面地走向了写实性的道路，对动物各方面特征的观察细致入微，对动物本身结构体态的塑造更加丰富有力。雕刻上以体现塑造为主，已经可以用玉石材料琢制出非常写实的动物形象。在塑造表现形式上则既有圆雕，也有浮雕，只是在风格上、具体的雕刻手法上各时代有不同的差异。例如，唐宋时期的动物造型清秀典雅，玲珑可爱，雕琢时注意选取最能表现动物生动细节特征的部分，譬如动物的眼、口吻，鸟禽的颈项等，且造型结构线条圆润而富弹性，细节部分又能琢制一些细密的阴刻线或强化动态，或形成肌理，起到画龙点睛的作用。像故宫收藏的一件唐代青玉卧鹿，呈伏卧式，头部高高扬起，双目炯炯有神，鹿角刻为花式，尾部琢为灵芝状，四肢与头部有细密的阴刻线表示毛纹，口、眼、双耳小巧玲珑，四肢变细长，处处显示出细致、精巧的琢制特点。

知识链接

琢玉大师陆子冈

陆子冈是江苏太仓人，明朝时期琢玉艺人，生于15世纪明嘉靖至万历年间。其事迹载于《太仓州志》《苏州府志》。他所琢之玉被称为"子冈玉"

或"子冈款"。他琢玉的特点主要有三个：一是选料严格，凡制器用玉料，皆为经过严格筛选的优质玉；二是艺术作风严谨，他治玉的题材广泛，除擅长仿古，更有雕琢山水、花鸟画法的绝技；三是技法精妙，陆子冈制玉纹饰清晰规整，底子平齐。字体间架严整，使转灵活，在当时被当作精美艺术品争相收藏。

《徐文长集》中一首有"昆吾锋尽终难以，愁煞苏州陆子冈"之句。

陆子冈真品款识的特征是：篆书、阳文"子冈"或"子刚"字样，书法水平高，篆刻精致，无复加痕迹。传世作品有梅花纹茶晶花插，现存故宫博物院；1962年北京市文物工作队挖掘清皇室墓得玉杯一件，杯柄上有"子冈"款，器身及杯盖雕满花纹，盖面上有三个圆雕的狮子，造型十分精美。

5. 明清两代的动物造型

在这一时期，动物造型在整个玉石雕刻中所占的比例日趋缩小，取得的成就不及唐宋。因此，虽然采用的仍然是写实的手段，技巧上无懈可击，但总体艺术上显得软弱无力、沉闷呆板。例如故宫收藏的几件明代、清代的玉狗、玉马、玉驼、玉牛、玉狗的动态从表面上看比之唐宋变化丰富：伏卧的玉马、玉狗头部扭动回望，狗的前肢突出前伸，马的前肢翘起，两者尾部或回卷，或琢成波浪状，爪蹄、耳口等细节的结构写实，有些动物如玉牛还琢成唐宋之前极少见的四肢镂空的直立状。这些动物造型琢制和打磨均光滑圆润，线条一丝不苟，但从整体上虽然动物的特征准确，四肢、五官毕现，但却显得软弱无骨，如马的四肢，虽细节完备，甚至动物的肋骨都可以表现出来，但对整体的结构统一把握不足，所以体态感显得很虚弱。从琢工上看，明清琢制的工艺水平可谓高超，以阴刻线表现的动物鬃毛异常细密，动物四肢的镂空处无论琢制和打磨均不留死角，加之明清时期使用的玉料都有很高的质量，各种动物造型光滑光亮。但总体来说，把玩观赏的趣味性高于艺术性，艺术上缺乏内涵的深入刻画。同样的情况也体现在其动物的浮雕造型上，如故宫收藏的清代玛瑙花鸟纹罐、和田玉鱼鸟纹罐上的浮雕动物造型，其动态丰富，琢制精细，但在浮雕艺术上没有新的创意，内在的创造性更无从谈起。

明清动物造型虽然综合了写实与工艺，却往往流于简单描摹，正是此种照搬照抄，在雕刻艺术上缺少创造，使这一时期的动物造型特征表面化，细节琐碎，大大降低了其艺术水平，既没有原始社会时期、商周时期的拙朴大气，也没有领略唐宋时期的秀丽雅致，使得具有优良传统，在各个时期取得很大成就的中国古代玉石动物雕刻呈现出没落的景象。

优美的花卉植物、山水景物造型

中国古代玉石雕刻将花卉植物、山水景物作为其雕刻的表现内容，自隋唐之后从未间断，并且形成了一整套完美的表现方式和雕刻技巧，取得了和其他雕刻题材同样重要的地位，在不同的历史时期又形成了非常鲜明的艺术特色。

花卉植物、山水景物题材以石材、木材、金属雕刻材料表现的很多，特别是我国工艺美术中的竹木、瓷器、漆器等也常涉及。但若论对材料的运用和题材的完美结合，取得的成就之优异，雕刻总量之大，山水、花卉题材之广，在社会生活中影响之深远，其他材料的雕刻均无法与之相提并论。其中的原因，首先由于玉石材料的质感美而特殊，不仅色彩美，透光度好，而且质地细腻。石材、金属虽然从雕塑的角度看是极好的硬质材料，但其材质感觉要么粗涩，要么色彩沉重，在塑造花卉、景物尤其是花卉时很难满足人们对自然花卉本身质感欣赏的要求。而玉石材料则不同，其自身细腻光洁的色质能够比较好地体现出花卉的滋润与轻柔，因此以之雕刻花卉这类题材更易被接受，其他材质虽也对此类题材有所表现，但远不及玉石材料所表现的形式特点突出。其次，中国传统观念中，玉石材料之珍贵使之成为某种地位、财富的象征，与其他材料相比，人们更乐于用贵重的玉石雕刻成各种形式的

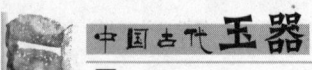

花卉、山水景物造型争相佩戴、陈设，从而通过对其价值及艺术的双重欣赏，满足了审美心理上的需求，这一点无疑促进了花卉、山水题材在玉石雕刻中的蓬勃发展，客观上使花卉、山水景物形成了一个庞大的雕刻题材形式。

在汉代玉石雕刻中，如汉代的玉灯盏上就已有花卉的造型出现，但却仅止于点缀装饰，并未以主体的形象雕刻。我国古代花卉的玉石雕刻造型形式真正形成是自隋唐开始，如唐代的玉佩、玉花卉浮雕带板、玉簪花饰、玉梳浮雕花卉等。花卉的造型、雕刻形式多种多样，并在唐宋以后规模远超其他题材，在雕刻形式、手法上颇具特色。

唐宋开始肇兴的花卉雕刻造型，在中国古代玉石雕刻中主要运用了浮雕、圆雕、装饰雕刻三种雕刻形式，各具特色，形式新颖。

1. 花卉植物浮雕造型

以浮雕的形式雕刻花卉植物，得益于浮雕兼具雕刻与绘画两种艺术之长的特点。自然生态下生长的花卉植物千姿百态，繁复的花叶、枝干，不仅色调不同，而且质感也存在很大的差异，这些在平面的绘画中都可以得到很好的表现，但雕刻材料色彩的单一性，使得其必须通过对体态结构的塑造处理，才能达到理想的艺术效果。浮雕运用的主要是压缩处理造型，层次处理空间，光影表现体态的雕刻艺术手法，同时综合吸收了绘画的线性元素，造型既有雕刻的立体感又有绘画的平面透视关系，因此比较适合表现花卉植物的自然生态特性。中国古代玉石雕刻的花卉造型正是巧妙地利用了浮雕的这一艺术特点。

浅浮雕、薄浮雕是表现花卉题材最常运用的两种浮雕形式。这两种形式的最大特点是立足于所依附的器物造型，主要突出二维平面的观赏效果。为了丰富造型，局部细节大量运用线刻，接近绘画的特性。浅浮雕和薄浮雕体面起物线、层次空间的过渡极其微妙，对雕琢技巧的要求比较高，这一类的花卉造型在明清两代玉石雕刻中体现出的效果最佳。如明代子冈款的茶晶梅花花插，清代和田玉花叶纹梅瓶、梅花笔筒，均将花卉植物本身深远的空间关系压缩在很薄的平面、曲面上，且将复杂的植物结构有取有舍，重新处理成疏密得当的层次。无论是梅花、荷花的花朵还是茎叶，通过起物线的细致精密琢制，均显示出花卉植物的勃勃生机，整体花而不乱。而故宫收藏的和田玉葫芦式持壶、花卉龙耳纹活环瓶、谷穗鹌鹑双耳活环瓶、梅花纹兽耳活环瓶这几件玉制器皿上的薄浮雕，压缩的层面几乎与器体相平，主要是以起物线和细节的刻画结合微微起伏的体态，表现丰富的花卉、植物造型，在构图上、用线上吸取了绘画的手法，总体效果可以和利用线的穿插、轻重、粗细表现画面的中国传统工笔画相媲美。

花卉植物的高浮雕造型在明清时期的玉石雕刻中同样别具特色。高浮雕的起物线高起，压缩的力度不似浅浮雕、薄浮雕那样大，更容易表现出花卉的结构层次、枝干花叶的空间深度。如果说浅浮雕、薄浮雕力求与玉制器皿造型相吻合，而成为其附属装饰，那么高浮雕的花卉植物造型则重在突出其本身，甚至淡化、掩盖了玉器皿自身的形体，使花卉、植物造型成为主要的欣赏对象。例如同为故宫收藏的和田玉花卉纹双耳瓶、镂雕梅花瓶、青玉松鹤笔筒，这几件以高浮雕形式琢制的梅花、松柏等，花卉的自然结构由于压缩力度稍小，层次多，花瓣饱满，压叠自然，枝干遒劲，转折有力度，枝叶的自然肌理质感也极尽精微。特别是有的为了突出花卉、植物的生长特征，还将部分枝干镂空成圆雕形式，使得其完全脱离玉器本身，将花卉植物的主体欣赏性放在了极其突出的地位。

2. 花卉植物圆雕造型

圆雕的艺术魅力在于其以三维立体的雕刻形式，通过特殊的雕刻艺术表现手法，真实地反映出物体的空间、体积、结构特征和美的状态。

花卉的圆雕造型在清中期以后的玉石雕刻中比较突出，主要为陈列欣赏琢制，如故宫收藏的和田玉佛手式花插、荷莲洗，还有著名的翡翠白菜（现藏台北故宫）。前两者虽名为花插，却分别截取了花卉的花朵、茎叶，从各个角度全方位地、立体地体现了花卉的自然特征，从每个视角看去都能观赏到不同的造型状态；后者则更加展现出圆雕的特点，不仅从整体上雕刻了白菜的层状结构，还仔细地雕琢了植物叶片的翻卷、大小、粗细、前后，对自然的观察和艺术表现达到了很高的水平，技艺上炉火纯青。

花卉圆雕造型在明清时期还有一种特殊的表现形式，即将圆雕与实用功能结合起来，创造了一种新颖的圆雕雕刻造型。此种圆雕形式的特点是：从整个外形看花卉的茎叶齐备，花瓣丰满，完全是立体圆雕的形态，而内部却

翡翠白菜玉雕

利用自然状态下真实花卉的花蕊、枝叶的翻卷形成的下凹，予其以盛放液体的功能，两者有机结合，具有观赏、实用双重作用。这样的花卉圆雕造型在元明时期即零星出现，如故宫收藏的元代白玉山茶花杯、明代青玉桃式杯、山东朱檀墓出土的明代白玉葵花杯，前两者利用圆雕花朵的中凹，后者将半桃中间掏空，使之用来盛水酒。清以后此种圆雕形式层出不穷，由于技术的提高，琢制得更加精细，观赏性和实用性俱佳。如故宫收藏的和田玉鱼螺荷叶洗、鱼莲荷叶洗及前面提到的花插，将玉石的材质本色、雕刻艺术、实用功能完美结合，体现了玉石雕刻作者的丰富想象力和创造力，为中国古代玉石雕刻艺术增添了别致新颖的表现形式。

3. 花卉植物装饰雕刻造型

镂空是中国古代玉石雕刻的传统技法，也是唐宋以后花卉装饰造型使用

第四章 独领风骚——玉器文化

的最主要的雕刻方法。镂空不仅可以充分展现花卉植物的花叶结构、穿插关系，而且还可使装饰性的造型轮廓通透而更富图案美。清代的玉石雕刻工具设备和工艺技巧是前代无可比拟的，浮雕和镂空的技艺达到了很高的水平。以苏州、扬州为代表，其制作的花卉装饰造型与镂空技法相结合，典型地反映了清代世俗审美的特点，也创造了一种流行一时的花卉造型玉制器皿——花熏。清宫收藏的几件玉花熏均很精美，如和田玉镂空螭凤牡丹花熏和镂雕牡丹花熏，整器镂空，花卉造型复杂繁缛，枝叶细密具有散点装饰的特点，装饰效果富丽堂皇，将镂空和花卉装饰造型结合得非常完美。

中国古代玉石雕刻中的花卉植物装饰造型，无论是吸收绘画艺术运用的写实手法，还是融合装饰工艺美术的特点加以新的创造，都极好地将题材与玉石材料的特点充分发挥，两者交相辉映，形成了花卉植物造型在玉石雕刻艺术中的独特艺术魅力。

明清两代，中国传统的绘画艺术取得了前所未有的成就，而这一时期深受文人阶层喜爱的玉石雕刻，受到的感染是不言而喻的。中国绘画中的山水景物主题因此在玉石雕刻中也被作为重要的题材内容有所表现。

山水玉雕

以山水景物为题材的玉石雕刻出现在宋元以后，并在明清时期达到高潮，如插屏、挂屏、玉山子，还包括实用陈设玉器、文房用品上琢制的此类题材。其显著的特色首先是取材内容非常宽广，举凡山石、树木、小桥流水、亭台楼阁、人物车马、动物鱼禽等无所不包。绘画艺术是通过比例、透视、构图、色彩等在二维平面上来表现现实中物体形态的，因此可以用大小、轻重、远近、浓淡概括复杂的结构空间和物体的质感，而雕塑艺术是以具体的材料来表现另一种材质的结构、体态和质感，所以在视觉上有时会产生冲突。如山石之类，在雕刻中尽管有时会出现，但为了避免这一状况而往往有意识地置于次要地位，并不是作为主体来突出。而山水景物题材的玉石雕刻恰恰相反，完全按照山水画的构图、内容，将山石树木等作为主要表现对象。其次，中国古代玉石山水景物雕刻对中国传统绘画艺术的借鉴同时也体现了其独特的审美特征，具有意境之美。

　　浮雕是山水景物内容玉石雕刻主要运用的雕刻形式。如故宫收藏的和田玉松鹤图砚屏、沧浪亭图挂屏、浮雕画面亭台楼阁、远山近树等繁复错落，但将空间层次用起物线进行了分离，而后在不同的层次上再行局部细节压缩处理，细节又能统一到整体之中，两者浮雕的手法运用娴熟老练，通过光影的照射，构图画面主次分明，空间深远，以浮雕处理多层次、多内容的能力达到了很高的水平。再如，和田玉山水人物方笔筒、渔家乐图笔筒上的山水景物浮雕，通过人为改变其植物枝叶、大小、走向以求得画面构图的完美。因此，上述的山石、植物在浮雕压缩时特别注意其轮廓线条的曲折自然，为了便于取得疏密得体的效果，还将枝叶花朵进行了有意识的重新组合，形成团块再行整体压缩处理，浮雕的装饰感突出而鲜明。

　　虽然山水景物造型的玉石雕刻借鉴了很多传统山水画的手法特点，但并没有完全拘泥于其中，而是充分利用了玉石材质，充分发挥雕刻艺术的优势，还创造了以山水景物为整体构图，融浮雕、圆雕形式，镂空、线刻技法于一炉的玉山子造型形式。

　　中国古代玉石雕刻中的玉山子在清代琢制数量最多，取得的成就也最大。如清宫收藏的青金石观瀑图玉山子、翡翠人物山水图玉山子、秋山行旅图、会昌九老图、大禹治水图大型玉山子等，整体上巧妙地利用玉石原料的自然外貌形状，稍加雕琢成为山石背景，而在局部则以浅浮雕琢出或繁茂或独立

第四章 独领风骚——玉器文化

的山树松柏、亭台古榭，人物又主要以高浮雕琢制，雕塑艺术的圆雕、浮雕特点凸显无遗，在某些细节上，如山间水瀑则以绘画性很强的流畅线条刻就，虚实对比，空间层次层层展开，构图内容非常丰富，在画面意境上和山水绘画有异曲同工之妙。

著名的大禹治水图玉山子，既表现了人与大自然抗争的气魄，又集山水景物玉石雕刻之大成，以雕刻艺术的形式弘扬了中华民族的伟大精神，是主题与雕刻艺术相结合的典范，使山水景物的玉石雕刻造型上升到了一个更高的艺术境界。

中国古代玉石雕刻艺术内容丰富、技法独特、形式多样、意蕴广博，还能根据材料的特性，发现玉石的与众不同之处加以独具特色的艺术处理，从而形成新的雕刻表现形式，其技艺令人叹为观止。

第五章

玉器的鉴别与保养

玉，石之美者也。玉石是美丽的，玉石是高贵的，玉石是稀少的。玉器收藏是中国千百年来的传统，拥有一块与己有缘的好玉是人们十分向往的事情。在中国收藏玉器、鉴别玉器、保养玉器也有着深厚的文化底蕴，也造就了一种根深蒂固的情缘。

第一节
世间淘宝——玉器收藏

玉碗收藏

玉碗在古代是一种常见的玉制器皿,早在秦汉时期就已经出现了,但是目前秦汉时期的玉碗存世量比较少,民间淘宝市场几乎不见。

唐宋时期,随着生活用玉的发展,玉碗以简洁、素雅的造型深受人们的喜爱。唐代时期玉碗通常碗口外侈,圈足规整,器壁较薄,体现了为实用而制作的原则。在装饰工艺上,这一时期的玉碗采用了金镶玉工艺,运用镶金的方法将青玉、白玉以及碧玉质的玉碗包装得富丽堂皇,体现了唐宋时期高超的制玉技术。其中最为典型的作品是现藏于北京故宫博物院的宋代白玉葵花式龙把玉碗,龙把镂空,龙四腿蹬起,嘴、尾附于碗身,弓身把碗托现出来,碗分六瓣,里外碾轧成薄厚均匀的葵花式,碗腹浮雕凤纹和阴沟回纹,工艺精湛。

明清时期,玉碗的制作及发展达到了顶峰,人们使用很普遍,目前存世量也是最多的。明代玉碗的胎较厚,有盖碗和

玉碗

无盖碗之分。在纹饰上明代玉碗追求简洁、疏朗的风格，在碗外壁多饰有龙纹、鱼纹、花卉和山水人物纹饰，结构简洁，布局疏朗。明代最为特殊的玉碗是永乐、宣德时期的作品，其图案多为大花大叶，叶面和花瓣上留有较多的平面，雕法多是于图案边缘斜刀剔下，图案表面和碗壁看上去似在同一平面上，或者以浅浮雕来表现图案。

根据目前研究成果来看，明清时期玉碗饰以龙纹、鱼纹的多为嘉靖以后的作品，此时期常以阴线刻划纹饰，龙身细长如绳，爪似风车，发短而前冲，环眼，三绺形眉。

清代玉碗大小不一，其口径最大者可达20厘米，碗外常见图案有百寿字、诗词、花卉、山水和人物等，精美异常，最具代表性的是莲花碗和高足碗。

玉杯收藏

"葡萄美酒夜光杯"中的夜光杯说的就是玉杯，玉杯作为一种常用的器皿，因为其美丽的光环和滑润的玉质而深受人们喜爱。早在战国时期就有玉杯的出现，玉杯品种较多，有单柄高足杯、单耳杯、角形杯、双耳杯等众多品类。在造型上，一般杯身呈直筒形，上层和下层均饰柿蒂纹和流云纹，中层饰勾连谷纹，足部有的光素无纹，有的饰绞丝纹，纹饰精美。

汉代以及魏晋南北朝时期玉杯少见，以高足杯为主，造型为平唇，筒形腹，腹下有柄，柄下为中空的盘足，腹部满饰勾连纹和排列有序的乳丁纹，造型规整，纹饰精美。另外也有少部分玉角形杯，杯口为圆形，杯身越往下越细，至下部成为缠丝状尾，向上折回，顶部分叉卷向两侧，杯身饰阴线双钩及浅浮雕勾连云纹并螭纹，螭嘴细长如锥。玉杯的形状、阴线纹、螭纹及丝束状尾都表现出明显的汉代艺术风格。

唐代玉杯由于受到古代器皿造型以及西域角杯的影响，多为朴素实用的简约器型，器壁薄，体现了人们注重实用的原则。在纹饰上，一般在杯面或阴刻，或浮雕云纹、人物纹及花草纹等，既实用，又有较高的艺术价值。

宋元时期，玉杯的品种及数量多了起来，风格也发生了很大的变化。此期的玉杯多为朴素实用的简约器型，器壁多为轻薄形。当时人们注重实用的

中国古代玉器

ZHONG GUO GU DAI YU QI

玉杯

原则,多对杯体进行实用雕琢,但创作风格兼有艺术装饰的美。受宋代斗茶的瓷杯影响,玉杯向矮小、广口、阔身方向发展,杯壁较薄,杯体多光素无纹,玉杯多由数个组成一套使用。

明代是玉杯发展的鼎盛时期,具有较多的品类以及纹饰,主要分为敞口杯、乳丁杯、八方杯、菱花式杯、小杯、托杯等几种。其中敞口杯杯身稍高,敞口,下部稍敛,腹部微凸,小圈足。此类玉杯或无耳,或镂雕双花耳、双兽耳,或雕螭柄。花耳一般结构简练,细部雕琢不甚精细,留有琢磨的痕迹。单螭柄或双螭柄的螭头较扁,螭嘴与前爪贴于杯口,后足踏杯身。螭的头、爪、身体横截面和四肢等皆不甚圆润,有一种内敛的方折及力度感。乳丁杯呈现的是杯身矮、直口、直壁、底部内敛、圈足的特征。另外,杯的外壁一般饰有三道或四道乳丁纹。八方杯为八方形,直口,八方形足,足外撇,口两侧各饰以方折夔式柄,柄上部为圭形,杯腹为八方形,每一方内饰回纹锦地及夔龙拐子纹。菱花式杯为菱花式口,杯壁的凹凸变化与杯口的形状相应,八瓣菱花形足,方折夔式耳,上饰兽面纹,此类玉杯多为青玉,泛较强的玻璃光泽。

明代玉杯中小杯是比较重要的一类，主要有方形、长椭圆形等几种。杯身长而窄，杯口前端向前凸，并呈弧状凹下，形成流口，杯柄有夔龙柄、兽吞柄等多种形式。在杯的外侧还饰有山水图案、云雷纹、长条状瓦等纹饰。鉴别此种杯的重点是玉色、形状以及纹饰。

明代玉杯中还有一种托杯，它是指杯之下带有托盘，盘或为长方委角，或为海棠式，或为椭圆形的形制。盘极浅，平底，底内凹雕纹饰，或龙纹，或双螭，或花卉。盘心凸起一圆台，可承杯，与圆台对应的外底中部稍凹。

清代玉杯样式很多，有钟式、斗式、高足式和荷叶式等，较多的是单柄杯和双耳杯。单柄杯一般为龙螭柄，双耳杯则有双童耳、双龙耳、双花耳和兽吞耳等。另有变形双夔耳，底部有伏鹿或兽面装饰。

知识链接

现代琢玉宗师潘秉衡

潘秉衡（1912—1970），别名玉饕，中国现代琢玉史上的宗师，河北固安县人。15岁辍学后到北京西四羊市大街期宝斋学玉雕艺术，期满后开设了"恒兴永"玉雕作坊。经多年潜心探求，他的琢玉技术日臻成熟，被誉为北京玉器业"四大怪杰"之首。早在20世纪40年代初期，潘秉衡就以精湛的技艺而独树一帜，成为北京玉器行业的名家。他研制出失传的"压金银丝镶宝石"的工艺，恢复并提高了中国古来已有的"金镶石"工艺水平。潘秉衡技艺卓绝，创作题材广泛，作品造型庄重、古朴，气韵生动，纹样装饰瑰丽清奇。无论器皿、人物、花卉、鸟首翎毛，都给人以和谐、典雅的美感。

1962年，美术馆举办了"潘秉衡琢玉艺术展览"，展出作品56件。这是中国特种工艺史上第一次为艺人举办个人展览，并且引起极大轰动，作品被誉为"巧夺天工"。

玉璧收藏

玉璧在古代是一种品种、数量最多的重要礼器，也是六瑞之一，在新石器时代的文化遗存中，出土较为广泛，其中良渚文化、齐家文化、大汶口文化及龙山文化遗址都有大量出土。玉璧作为一种重要礼器，它的制作几乎贯穿整个社会发展，所以也是目前市场上常见的一种玉器制品。

玉璧通常是扁圆形的，中间有孔，边宽孔小。但随着不同历史阶段的审美取向发展，玉璧在不同时期形制呈现出了不同的变化。如良渚文化的玉璧较厚，孔较小，直径在20厘米左右，较大的达30厘米；齐家文化的玉璧较薄，呈片状，外形不甚圆，大小不一，较厚，一面平，另一面不平，有的有切割痕，穿孔；商代的玉璧直径不大，孔小，器薄；西周时期使用的玉璧，目前考古发掘的非常少，且直径很小，不像是礼器，传世玉器中有一批此时期小型的璧类，或为方形，或为圆形，中心有孔，孔缘琢有半身的阴线鸟纹。春秋时期的玉璧直径较小，又很薄；到战国时期，玉璧制作猛然精进，出现了很多新的造型，如谷纹璧、蒲纹璧、云纹璧等，不过这些都是在纹饰上的改变。在造型上，玉璧一直都保持着早期的圆形、有小孔的形制，直到明清时期均是如此。

在纹饰上，新石器时期玉璧遵从当时朴实无华的审美观念，几乎是光素无纹，一直到商时期在一些璧上才有隐起的同心圆弦纹或凹下的阴线纹。西周时发展为在玉璧上刻有明显西周纹饰特征的鸟纹，到春秋时期玉璧表面一般磨得很平，饰有双阴线琢出的勾连纹，这种勾连纹是由兽面纹演化而来的，似乎是由许多小的侧面兽头组成。

第五章 玉器的鉴别与保养

在材质上，良渚文化所用材料较差，并且由于开片技术的落后，璧的厚度不甚均匀，孔壁不很平滑，往往留有对钻璧孔时出现的错碴，一些璧的外缘还有较浅的凹槽。到商时期玉璧玉质多为不透明的南阳玉；西周时期用玉较好，多为青白色的新疆和田玉。

总体上来说，早期的玉璧无论是在形制上，还是纹饰上都没有太大的变化或者明显的特征。但是玉璧发展到战国时期，朴素的风格为之一变，开始向纷繁复杂转变。玉质方面，战国时期玉璧在继承前代的基础上，又开发了白玉、青白玉或者苍玉等多种材质。在纹饰上，也发展了谷纹、蒲纹、云纹、兽纹、鸟纹或者双身龙纹等多种纹饰。在装饰方法上，采用粗细线两种阴线构成，其中细阴线较均匀，粗阴线则端部较浅，呈尖状，相对好辨认。

汉代玉璧在形制上基本沿袭了战国时期的圆环状特点，玉质多为水苍玉，似青玉而深碧，中似有白斑；少数为青玉，玉璧表面亮而有光，似玻璃光但色暗，其中还有一些因入葬而失去光泽，带有水沁或土沁。在装饰方法上，

战国玉璧

采用粗细阴线结合的方式，但是此时的粗阴线不同于战国时期，汉代玉璧上的粗阴线是极细的线条密集而成，细线条则若断若续。另外，此时出现了镂雕玉璧，其中有在圆形玉璧上镂雕图案和全镂雕廓外带有装饰的璧两种形式，体现了汉代时期玉璧工匠的精湛工艺。

隋唐时期的玉璧极少，民间淘宝市场上几乎不见，从传世量上看，如今流传最广的是战国和明清时期的玉璧，其中又以明代为多。

明代的玉璧种类较多，目前传世品中，主要有螭纹璧、谷纹璧和云纹璧等。其中螭纹璧有多种形式，有的在璧的一面圆雕单螭或双螭，另一面或光素，或有云纹，或饰谷纹等；有的在璧的边沿处雕双螭，螭身在璧的一面，头在另一面；还有的在璧孔中、表面及边沿处浮雕多只螭龙。从螭的雕琢风格上看，宣德朝以前的螭形，与元代螭接近，长发，"人"字形肩、眼、鼻，五官极紧凑地集中在脸的前部，身细长，雕琢不甚圆润。宣德朝以后的一些螭形，面部结构较复杂，下颌部前凸，雕琢也较细致。谷纹璧，是指璧的一面饰谷纹，另一面为其他纹饰，谷粒无螺旋形小尾，圆而高，较汉代谷纹大的一种形制。云纹璧，是指璧的一面凸雕仿古勾云纹，这种勾云纹比前代的长而大，线条较细，排列稀疏，璧的表面泛较强的玻璃光泽。

清代的玉璧也是目前玉器市场上流传较广的一类制品，它分为苍璧、纹璧和仿古玉璧三种，其中苍璧光素无纹，直径较大，以北京故宫养心殿前玉璧最为典型，直径超过50厘米。而纹璧又分为兽面纹和谷纹的璧，其中兽面纹用凸线雕琢二处，鼻、嘴、眼的形状极具特色，是识别作品年代的标志。仿古玉璧，是仿汉代或仿战国时期玉璧特征的一种制品，虽然在造型以及纹饰上都极力模仿前代作品，但是工艺却是清代所有的技术与水平，只要掌握了清代玉器雕琢的工艺特点，辨别这类仿古玉也比较容易。

玉组佩收藏

玉组佩，又称组玉佩，是由多件玉器组合而成的佩饰。它产生于新石器时代，是新石器时代最有代表性的玉器造型，一般是以管、珠为主体贯穿而成的饰物。多数玉件光素无纹，体现原始玉器古拙、简约、朴实之美。新石器时代的玉组佩大多呈圆柱状，长短不一，有的薄如饼，有的由长如管的小

第五章　玉器的鉴别与保养

珠子组成，因为玉珠薄而小，易受沁，所以目前所见的新石器时代的玉组佩一般都受沁严重，这是鉴别早期玉组佩的一个重要依据。

早期整件的玉组佩一般少见，市面上常见的是玉组佩中的一件，其中玉管就是这样一件制品。玉管是长江下游新石器时代遗址中最常见的传统玉器，通常以十余件或数十件贯联成串，每件玉管的截面大致呈圆形，形制类似现在的短笛。其中穿插的圆珠较小，也较少。在新石器时代，玉组佩中也多有以其他材质装饰的制品。其中二里头文化玉质装饰品中，就有大量以绿松石装饰的玉组佩。它一般是以绿松石制成片、珠或管用作单件的饰物，或作为串饰的组件，其中最为精美者当属嵌绿松石兽面纹铜饰牌。目前存世共三件，造型各具特点，都是以青铜饰牌为衬底，其上用数百块各种形状的绿松石小片铺嵌而成，眼珠为圆形，稍凸起。饰牌两侧出四个环形，可供佩戴。但三

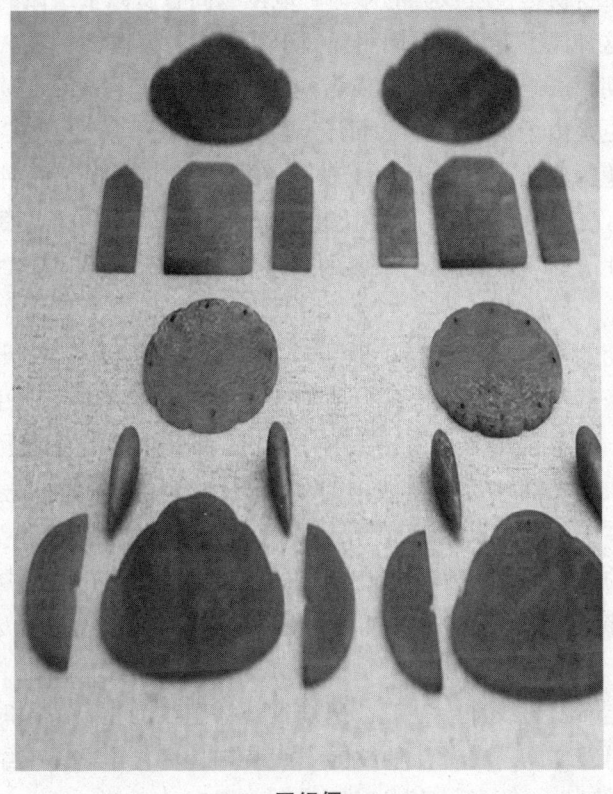

玉组佩

块铜饰牌上兽面纹形象各有不同：第一块有对钩形角，对钩形眉，橄榄形眼眶，较长直鼻梁；第二块额头处为12块鳞状镶嵌，弯眉，大圆眼珠，张口露四颗尖牙；第三块有对钩"T"形角，小圆眼珠，直鼻梁，上唇向内卷曲。据专家推测，此类器物除了具有装饰的功能外，还可能是贵族身份的象征物。

商代时期玉组佩情况不明，据推测应与此期发现的片状佩饰相类似。到西周时期，玉组佩普遍流行。此时期的玉组佩非常完备，形式多样，也非常繁缛，通常以玉璜为主体，间配以其他各种小件玉饰。西周早期的玉组佩也有由一个梯形玉组板连缀数条线绳，串以珠、管为饰，小珠管有玛瑙、水晶、绿松石等质地。大一点的组玉件如璜、环、璧等多琢有纹饰，以坡刀阴线卷曲纹最为盛行。从目前出土的西周玉组佩来看，大型、结构匹配繁复的组佩是贵族们表示身份地位及权势的佩饰。地位越高者所佩玉组佩的结构越复杂，长度越长。这种佩玉方法是西周用玉归于礼制化的表现。

春秋早期，玉组佩仍然以玉璜为主体。此时的玉组佩不只是出于纯粹的装饰目的，更是由于具有坚硬、润泽、纯净、美观等属性，被当时士人看成人的完美品德的象征。但是大约从春秋晚期开始，出现了一种"龙形佩"，并逐渐取代了玉璜的位置。自春秋晚期起，玉组佩不再套于颈部，而系在腰间的革带上，因此此期的玉组佩的长度相对较短，组合方式也相对自由、简单。

战国时期的玉组佩除大量的管、珠及坠以外，还有一些圆形、长方形、三角形、长条形及兽形串饰部件，质料主要有玉和紫晶等，其中有一部分料珠色彩斑斓，异常精美。从考古发掘所得几套组佩的复原图可知，龙形佩（珑）和虎形佩（琥）是春秋战国时期组佩中最具特色的。龙形佩为片状，多数镂刻成"S"形身躯，腹部上拱，中间有孔用于悬挂组佩，头部有孔的身形较长，有的作钩形，应是悬挂在侧翼的饰件。其中龙的身形雕刻得健劲有力，形象狰狞，表情夸张，在装饰手法上，龙首、爪常用隐起法雕刻，视之如同浅浮雕。在纹饰上，除春秋早期部分平素外，常见的玉龙首、爪、尾刻琢精细，身上饰图案纹饰，一般以蟠螭纹、蟠虺纹为主，战国时则普遍施谷纹、涡纹、勾云纹等，或者几种纹饰交织装饰，变化丰富。玉组佩在佩件形制上，除龙形佩外，还常见有虎形佩、鸟形佩和冲牙等。这些玉件的特点与龙形佩基本相同。

西汉初年，战国风格的组佩曾流行过一段时间，但组合形式比较简单，有的只是用玉珠串联而成，西汉中后期组佩基本消失。南北朝、唐墓葬中曾发现过当时新形式的成组玉佩，但玉件的造型风格、组佩的串联形式与战国时期已完全不同；玉件除少数刻阴线花鸟流云纹外，多为光素，与同时期其他种类玉器相比，显得较粗糙。宋至清代，关于战国时期组佩的确切形式，已不为人所知，目前市场上也不多见。

玉璇玑收藏

"璇玑"两个字最早见于《尚书·舜典》中，书中说："在璇玑玉衡，以齐七政。"其中璇，就是美玉，而玑、衡，据说是古代一种天文器材。专家们认为，璇玑其实是一种带有牙的玉璧，它最早发现于山东大汶口文化遗址，其后在陕西和河南龙山文化遗址中屡有出土。

关于璇玑的用途，向来众说纷纭，有人认为它是用作观察天文的器具，有人说它是织布机上的纺轮，也有人说它其实就是环的变种，或是佩类。又因为这类器物出现的地点是有水灾和风灾出没的黄河流域和沿海地区，有的专家认为，它可能是仿水涡或旋风而作的原始自然崇拜器，与古人仿天之圆而作璧，仿地之方而作琮的用意相似。因为璇玑功用的神秘性，所以现在越来越受到大家的青睐。

玉璇玑，又叫玉牙璧，是一种带齿的圆形片状璧形器，中心有孔，外缘有数个突起的齿。这种玉器主要流行于战国之前，最初出现于我国东南沿海地区新石器时代遗址。众多新石器时期遗址中大汶口文化遗址和龙山文化遗址中较多地出现了这种玉器，目前发现的玉璇玑一般以三齿为主，少量有四齿或多齿。

新石器时代玉璇玑的制作方法大概有三种：第一种是在圆形玉璧的外缘连有三个装饰性物品，其中纹饰主要是蝉纹；第二种是将大致方形的玉片切割为圆，并留下应切去的角的形制；第三种就是在一种圆形璧的外侧制作出数个旋角，贴切而生动地将牙璧这个名字诠释出来。根据玉璇玑的形制，收藏者在淘宝时，可以看形定质或者鉴定真伪。

中国古代玉器
ZHONG GUO GU DAI YU QI

玉璇玑

　　就目前玉璇玑的存世量来看，商代玉璇玑的制作也很多，这个时期玉璇玑一般用玉较好，牙饰多以三齿为主，器物中心的圆孔较大。另外还有一些璇玑饰有成组的连续排列的小凸齿，而凸齿是"凹"形连续排列的。

　　在山东沂水地区还出土了春秋时期的玉璇玑。春秋时期的玉璇玑一般用玉较差，与商代相比有明显的退化趋势，体积都比较小，也比较薄，在外缘一般有向外旋出的四个齿牙，表面一般饰有阴线刻的图案，其他则与商代玉璇玑没有太大的差别。春秋以后，玉璇玑不复再见。

　　在目前市场上，玉璇玑并不是很多见，因为玉璇玑属于早期的玉制品，况且就目前研究来看，其形制、功用辨别并不是很清晰，所以虽然玉璇玑具有极大的艺术收藏价值，但是能够真正确定收藏的却不是很多，以后的升值空间很大。

第二节
慧眼识玉——玉器鉴别

新旧玉器鉴别

在琳琅满目的玉器中，要很好地辨别新旧玉器，可以从下几点着手。

（1）特征：古玉器由于年代长久，会在边角处产生小腐蚀点，这些小腐蚀点经过用手摸擦、佩戴时，身体的汗液渗入会逐渐变黄变红，而边角腐蚀处带有残迹，已没有锋利的尖角，残痕处也无刃性，手感舒适自然。而新玉手感明显扎手，残痕锋利。

（2）工艺：古玉器是人工制作的，阴线宽窄若一，深浅均匀，弧线流畅，线边平整无崩裂。新玉器由于大多是机切加工，工艺粗糙，线条锋利，有崩裂痕迹。

（3）玉质：一般古玉的玉质都不错，温润、柔和。其中大多是白玉、青玉、墨玉、碧玉等几大类。而现代新玉器由于上等玉稀少、昂贵，大多改用素白玉或其他地方玉，还有化学合成品。

对于古玉器主要就是鉴别其玉质和制作年代，而鉴别制作年代更难一些，一些作伪者在造假方面，方法之多、技术之高令人难以区分真伪。随着科技的发展，高科技造假手法层出不穷，防不胜防，而经化学处理的假玉器不仅没有收藏价值，对人体也有相当大的损害，所以必须掌握辨伪技术，才能更好地区分各种真假玉器。

玉器作伪方法

1. 沁色：玉器作伪除仿照古玉造型纹饰外，制作沁色是关键。所谓沁色是指玉器长时间埋藏在地下，受埋藏环境，主要是土壤的酸碱性、土壤中的矿物质成分、水分，以及包裹玉器的器物或物质等的影响，玉质、玉色发生变化后的状态。经过沁色处理后的玉器，往往身价倍增，因此需要仔细辨别。

2. 熏旧：用烟熏法作旧。可使用窑炉、煤炉、烤箱等，柴油、煤炭、木柴都可以，时间越长越好，熏完后将烟尘擦掉，在玉佩及细纹中留下油烟渍，玉色也因熏而成浅黄色。

3. 烤旧：也叫烤色。将仿古玉用碱水、梅干水煮或用弱酸弱碱腐蚀，除去玉表面的光泽或油气，然后在玉表面涂上各色颜料，放在煤炉、电炉或烤箱、烘箱中加热，使颜色深入玉器内部。主要用来制作各种沁色，现在常以涂沥青、鞋油做黑色，涂红糖做红色，涂姜黄、血褐做黄褐色。

4. 烧旧：用明火烧烤使玉器变色或出现纹路。然后将烧过的玉件置于染色液体中染色，玉质被烧变化较大的部位会吃色较深，反之较浅。也可以直接用火烧使玉器表面出现所谓的牛毛纹。

5. 油炸：将常温或冻过的玉件放在热油中炸，使玉面出现牛毛纹，油色也会随之渗入玉中达到染色效果。油有豆油、棉籽油、菜籽油、核桃油等，也可在油料中加入染色剂。

6. 水煮：用水调和各种颜料或有色物加热将玉置于其中，长时间煮，达到染色效果。

7. 使用酸碱腐蚀：使用各种强度的酸碱溶液腐蚀玉器表面，达到使其显旧和出现沁、斑等的效果。如将玉器加热到300℃左右，然后将一定浓度的高锰酸钾溶液滴在其表面，则会形成血斑。

8. 涂、胶、糊：这三种方法大体相同，都是将颜色、灰皮、泥土等作伪之物附着在玉器表面。其中涂的是各种颜色，胶则有环氧树脂、地板漆、水晶胶等。

第三节
美玉长存——玉器保养

玉器的保养

新购玉件应在清水中浸泡几小时后，用软毛刷或牙刷清洗，用干净的棉布擦干后再佩戴。

佩件要用清洁柔软的白布擦拭，不宜用染色布和纤维质硬的布料。

镶有钻石、红宝石、蓝宝石、祖母绿的玉首饰，也只宜用干净的白布擦掉油脂、尘埃、杂质、湿气或汗液，这样有助于保养。

要尽可能避免灰尘附着在玉件上。日常摆设的玉器如有灰尘时，宜用软毛刷清除；如有污垢或油渍附于玉面，应以温淡的肥皂水刷洗，再用清水冲净，切忌使用化学除油剂。若尘垢难以清除，可请生产玉器的专业工厂或公司用专门的超声波清洗。

玉器要避免阳光暴晒，因为玉遇热后会膨胀，分子体积会增大，会影响到玉的质地和色泽。芙蓉玉、水晶、玛瑙受高热后会爆裂，更忌接近热源。

玉器应避免与硬物碰撞。玉的硬度虽高，但玉器受硬物碰撞后很容易产生裂纹，有时虽然肉眼看不出裂纹，但玉表层内部已有暗裂纹了。有损于玉器的完美和经济价值了。

玉佩等悬饰物应经常检查系绳，防止丢失或摔损。

洗洁剂、肥皂、杀虫剂、化妆品、香水、美发剂等化学剂会给玉器带来损伤，如不小心沾上化学剂，应及时擦掉后再认真清洗。

汗液带有盐分、挥发性脂肪酸及尿素等，玉器接触汗液后会受到侵蚀，

中国古代玉器
ZHONG GUO GU DAI YU QI

翡翠手镯

使外层受损，影响本有的鲜艳度。尤其是翡翠、羊脂白玉更忌汗液。羊脂白玉若过多接触汗液，容易变成淡黄色。

玉质要靠一定的湿度来维持，尤其是水胆玛瑙、水晶类的玉器。水胆玛瑙里面在形成时期就存有天然水，若周围环境太干燥，里面的天然水就会蒸发，从而失去收藏价值。

玉器每隔一段时间要进行一次清洗。

佩挂玉件不用时要放好，最好放进首饰袋或首饰盒内，以免擦花或碰损。如果是高档的翠玉首饰，更不可放在柜面上，以免积染尘垢，影响亮度。

玉在日常保养中除了要忌油、腥、污秽以外，还忌冰、火等。

知识链接

古玉忌讳

古玉畏冰：如果古玉时常近冰，或被冻，则沁色就不活，没有润感，谓之"死色",甚至可能使玉质产生裂纹而不可挽救。

古玉畏火:玉是一种温润的石质,长时间火烤或者强光照射都会使材质干涩,颜色暗淡,所以应尽量避免强光的持久照射,尤其是出土不久的玉器,受光热后颜色更易变淡。

古玉畏姜水:如果以姜水除去出土古玉的土腥气或腐臭气,浸得太久则会使玉器浑身起麻点。而且古玉与姜水接触,也往往会使已有的沁色暗淡无光,并且很难补救。

古玉畏惊气:所谓"畏惊气",是指当佩戴者受惊或不慎将玉器跌落在地或碰撞于硬物之上,重则玉碎,轻则产生裂纹,因此玩玉者讲究平心静气,戒惊戒躁,这也是修身养性的内容。

玉器的清洗

玉器清洗与修补是收藏者必须注意的。对于出土的玉器,在清洗表面的污物时,可以用牙刷一类的刷子,对于大件玉器,可以用棕刷进行刷洗,清除土垢时,可以用竹制的修器,如果还去除不了,就可以用稀释后的盐酸、醋酸等进行清洗。

玉器的修复

玉制品较脆,在日常生活中很容易因磕碰而导致破碎、残损,如果玉器破损,就要进行修复了。古文物专家们在挖掘过程中碰见的破损玉器经常用502胶、三甲树脂、热熔胶、聚醋酸乙烯酯、聚甲基丙烯酸酯类材料黏接,在黏接过程中要做到准确无误。为了使玉器断面接口严密,可用绳

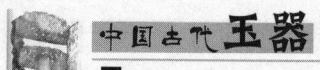

绑捆固定，黏接时流挂的胶液应及时用棉签蘸丙酮溶液擦除干净。如果碰见已残缺的玉器，就需要采用石膏翻模的形式了，这种操作专业要求较高。日常的玉器破损通常用丙酮和乙酸树脂混合物，加10%硝基纤维素拌白砂粉，入颜料调成油质膏修补，效果最好的是使用医用补牙树脂，加入颜料进行修补。

对于修复的玉器，最难辨别的是经黏合、填补、新补的玉器。因此选购时要仔细观看，不仅要顺光看，更要对着强光看，最好还要借助放大镜等工具。

翡翠的保养秘方

翡翠是一种具有较强韧性的翠绿色宝石，但是不要把它的"强韧性"误解为它就是不怕摔打的宝石，实际上，翡翠是更需要精心保养的。在佩戴翡翠首饰的时候，一定要尽量避免它从高处坠落或者撞击到硬物。尤其是对于那些有少量裂纹的翡翠首饰，一不小心就很容易使它破裂或损伤。由此可见，它也是一种娇贵的宝石。那么，究竟该如何保护翡翠呢？

首先，要避免接触油污。翡翠首饰是高雅圣洁的象征，如果长期使它接触油污，油污就很容易沾到它的表面上，这样就影响了它晶莹翠绿的光彩。有时污浊的油垢沿翡翠首饰的裂纹充填，更会给它带来致命的伤害，很不雅观。因此，在佩戴翡翠首饰时一定要保持翡翠首饰的清洁。

其次，避免有机溶剂。翡翠原石并没有加工后的翡翠首饰那么翠绿可人，这是因为在雕琢之后往往会在它的表面涂一层川蜡来增加它的美艳。所以翡翠首饰不能与酸、碱和有机溶剂接触。即使是未上蜡的翡翠首饰，作为多矿物的集合体，也应该尽力避免与酸、碱长期接触。这些化学试剂都会对翡翠首饰表面产生腐蚀作用。另外，也不要将翡翠首饰长期放在箱子里，这样时间久了翡翠首饰也会因为"失水"而变干，失去应有的光彩。

此外，根据翡翠的性质我们也可以从以下三个方面对翡翠进行保养。

1. 翡翠的定期保养

长期佩戴翡翠会使它的表面出现一些污垢，所以要定期对翡翠进行清洗。清洗的方法一般是先将它在清水中浸泡 30 分钟，浸泡后用小软刷轻轻擦洗，再用软布擦干即可。经过清洗，在翡翠表面，腐蚀性的物质就不会存在了。这样既能避免对它的损伤，又能补回翡翠在夏季高温中失去的"水分"。

对翡翠清洗，一般一个月进行一次比较适宜。特别是在酷热的南方，对翡翠的定期清洗很有必要。在每次清洗的时候，要注意观察一下挂绳是否有磨损、镶嵌饰品是否有松动等，这样也能做到及时检修，避免由于挂绳断裂、镶口松开而造成翡翠摔坏、丢失等。

2. 翡翠的盛夏保养

盛夏是人流汗最多的季节。在人的汗液中含有盐分与挥发性脂肪酸以及尿素等物质，这些物质随着汗液会慢慢地侵蚀翡翠的外表，从而使翡翠的亮度与光泽遭到破坏。因此，在夏季里最好不要将翡翠拿在手中把玩，即使是那些佩戴在身上与肌肤贴近的饰件，例如手镯、挂坠等，也要经常用中性洗涤液（例如中性洗面奶或沐浴液）进行清洗。对于那些雕工复杂的，可以用软毛刷（例如毛笔等）来轻轻刷洗，然后把它们放在阴凉处吹干即可。同时，翡翠首饰也应该避免与酸、碱和有机溶剂长期接触，例如各种化妆品、香水、美发剂等，因为这些也都会对它的表面产生腐蚀作用。

3. 翡翠的低温保养

我们知道，翡翠是一种水性的宝石。它的体内含有一定的水分，当它与高温接触时，容易脱水、变干，失去原有的水性色彩。

另外，翡翠经过烤灼会使体内的分子体积增大，从而使玉质产生变态，造成翡翠失去温润的水分而变干，并且颜色也会变浅。因此，在日照强烈的沙滩等地游玩时，尽量不要佩戴翡翠首饰，避免过强的阳光对它产生伤害。在蒸桑拿的时候也不应该佩戴翡翠，因为翡翠长期处在高温湿热的环境下，也会发生变质。烹饪时的高温或明火也会对翡翠造成伤害，所以在烹饪时最好取下翡翠饰品，以防翡翠受到损伤。

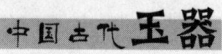

知识链接

赌 玉

赌玉，又称"赌石头"，是一种古老的玉石材料的交易方式。对于出售玉石的原石，常人很难看出其中的含玉量，购买者购买之前也不被允许将玉原石切开察看，购买者当购买后也可以以相同的方式继续对所购玉原石进行出售，所以这种独特的玉原石的交易方式被人们形象地称为"赌玉"。到目前为止，赌玉依然是玉原石的一种交易方式。

图片授权
全景网
壹图网
中华图片库
林静文化摄影部

敬 启

本书图片的编选，参阅了一些网站和公共图库。由于联系上的困难，我们与部分入选图片的作者未能取得联系，谨致深深的歉意。敬请图片原作者见到本书后，及时与我们联系，以便我们按国家有关规定支付稿酬并赠送样书。

联系邮箱：932389463@qq.com

参考书目

1. 袁胜文编. 中国古代玉器［M］. 天津：南开大学出版社，2012.
2. 北京大学震旦古代文明研究中心、北京大学公众考古与艺术中心编. 文物中国鉴赏系列——中国古代玉器篇［M］. 北京：科学出版社，2012.
3. 张耀编. 玉韵：中国古代玉石雕刻艺术研究［M］. 北京：中国文史出版社，2011.
4. 曲石著. 陈晓程译. 中国国宝系列：中国古代玉器［M］. 北京：五洲传播出版社，2010.
5. 民间淘宝实用百科编委会编. 古代玉器［M］. 福州：福建科技出版社，2009.
6. 姚江波编. 中国古代玉器鉴定［M］. 长沙：湖南美术出版社，2009.
7. 滕海生，吁桂英编. 古代玉器——礼器编［M］. 南昌：江西美术出版社，2008.
8. 李飞编. 中国古代玉器纹饰图典［M］. 杭州：浙江古籍出版社，2008.
9. 张明华编. 古代玉器［M］. 北京：文物出版社，2006.
10. 杨伯达编. 古玉鉴定：隋唐至明清［M］. 广州：广东教育出版社，2006.
11. 余钱程编. 古代玉器人物雕鉴赏［M］. 杭州：浙江摄影，2005.
12. 余钱程编. 古代玉器动物雕鉴赏［M］. 杭州：浙江摄影，2005.
13. 尤仁德编. 古代玉器通论［M］. 北京：紫禁城出版社，2004.

中国传统民俗文化丛书

一、古代人物系列（9本）
1. 中国古代乞丐
2. 中国古代道士
3. 中国古代名帝
4. 中国古代名将
5. 中国古代名相
6. 中国古代文人
7. 中国古代高僧
8. 中国古代太监
9. 中国古代侠士

二、古代民俗系列（8本）
1. 中国古代民俗
2. 中国古代玩具
3. 中国古代服饰
4. 中国古代丧葬
5. 中国古代节日
6. 中国古代面具
7. 中国古代祭祀
8. 中国古代剪纸

三、古代收藏系列（16本）
1. 中国古代金银器
2. 中国古代漆器
3. 中国古代藏书
4. 中国古代石雕
5. 中国古代雕刻
6. 中国古代书法
7. 中国古代木雕
8. 中国古代玉器
9. 中国古代青铜器
10. 中国古代瓷器
11. 中国古代钱币
12. 中国古代酒具
13. 中国古代家具
14. 中国古代陶器
15. 中国古代年画
16. 中国古代砖雕

四、古代建筑系列（12本）
1. 中国古代建筑
2. 中国古代城墙
3. 中国古代陵墓
4. 中国古代砖瓦
5. 中国古代桥梁
6. 中国古塔
7. 中国古镇
8. 中国古代楼阁
9. 中国古都
10. 中国古代长城
11. 中国古代宫殿
12. 中国古代寺庙

五、古代科学技术系列（14 本）

1. 中国古代科技
2. 中国古代农业
3. 中国古代水利
4. 中国古代医学
5. 中国古代版画
6. 中国古代养殖
7. 中国古代船舶
8. 中国古代兵器
9. 中国古代纺织与印染
10. 中国古代农具
11. 中国古代园艺
12. 中国古代天文历法
13. 中国古代印刷
14. 中国古代地理

六、古代政治经济制度系列（13 本）

1. 中国古代经济
2. 中国古代科举
3. 中国古代邮驿
4. 中国古代赋税
5. 中国古代关隘
6. 中国古代交通
7. 中国古代商号
8. 中国古代官制
9. 中国古代航海
10. 中国古代贸易
11. 中国古代军队
12. 中国古代法律
13. 中国古代战争

七、古代文化系列（17 本）

1. 中国古代婚姻
2. 中国古代武术
3. 中国古代城市
4. 中国古代教育
5. 中国古代家训
6. 中国古代书院
7. 中国古代典籍
8. 中国古代石窟
9. 中国古代战场
10. 中国古代礼仪
11. 中国古村落
12. 中国古代体育
13. 中国古代姓氏
14. 中国古代文房四宝
15. 中国古代饮食
16. 中国古代娱乐
17. 中国古代兵书

八、古代艺术系列（11 本）

1. 中国古代艺术
2. 中国古代戏曲
3. 中国古代绘画
4. 中国古代音乐
5. 中国古代文学
6. 中国古代乐器
7. 中国古代刺绣
8. 中国古代碑刻
9. 中国古代舞蹈
10. 中国古代篆刻
11. 中国古代杂技